Shuifei Jisuan Yu Jiaona

税费计算与缴纳

第三版

黄润林　陈　友　主编
林　萍　副主编

中等职业教育项目课程改革“十二五”系列教材
会计专业

东北财经大学出版社
Dongbei University of Finance & Economics Press
大连

图书在版编目（CIP）数据

税费计算与缴纳 / 黄润林，陈友主编．—3版．—大连：东北财经大学出版社，2020.9

（中等职业教育项目课程改革“十二五”系列教材·会计专业）

ISBN 978-7-5654-3953-7

Ⅰ．税… Ⅱ．①黄… ②陈… Ⅲ．①税费-计算-中等专业学校-教材 ②纳税-税收管理-中国-中等专业学校-教材 Ⅳ．F812.423

中国版本图书馆CIP数据核字（2020）第146014号

东北财经大学出版社出版

（大连市黑石礁尖山街217号 邮政编码 116025）

网 址：http：//www.dufep.cn

读者信箱：dufep@dufe.edu.cn

大连天骄彩色印刷有限公司印刷 东北财经大学出版社发行

幅面尺寸：185mm×260mm 字数：219千字 印张：11

2020年9月第3版 2020年9月第1次印刷

责任编辑：郭海雷 周 慧 责任校对：慧 心

封面设计：冀贵收 版式设计：钟福建

定价：26.00元

教学支持 售后服务 联系电话：（0411）84710309

如有印装质量问题，请联系营销部：（0411）84710711

第三版前言

随着社会主义市场经济的不断发展和完善，税费计算与缴纳作为财务人员的基本技能越来越受到社会各界的重视。本书的编写体现了中等职业教育财经类专业的培养目标和最新的会计专业教学标准，坚持以精练的理论和突出的实务分析为原则，突破了传统教材重理论、轻实践的局限，强化了适应性、时代性和可操作性，旨在帮助学生更好地理解和掌握税收方面的基础理论，提高税费计算与缴纳方面的技能。

本书在2014年推出第一版，并于2017年进行修订推出第二版。本书能够得到了广大中职院校师生的认可，作为编写者，我们一方面对读者心怀感激，另一方面更深感肩负的责任重大。近几年来，国家相关部门陆续出台的一系列新法规、新政策，使企业税费的计算与缴纳发生了较多的调整，特别是“营改增”政策的全面推开，所带来的影响不仅仅涉及营业税的取消和增值税征税范围的扩大，也影响到其他税种的计算，比如企业所得税、个人所得税、房产税等。此外，在2018年，国务院对国税地税征管体制进行改革，将省级和省级以下国税地税机构合并，具体承担所辖区域内的各项税收、非税收入征管等职责。国税地税机构合并后，对税务的征管势必也会随之发生变化。为此，我们认为，有必要再次对本书进行有针对性的修订了。

本次修订以财政部和国家税务总局颁布的最新税收法规为依据，以实用为主旨构建教材内容体系，在行文上力求生动、鲜明、流畅，内容表达遵循简明扼要、深入浅出、循序渐进的原则，对一些重点、难点力求讲深讲透。在编写体例上，采用当前较容易为学生所理解和接受的项目-任务式编写模式。同时，为了贴近中职学生的学习特点，我们在编写过程中遵循以下几个思路：

1.理论方面以贴近生活，贴近工作环境的知识、理论为主，力求让学生在有限的学习时间内掌握尽量多的、实用的知识。对于冷门的、生僻的、与中等职业教育课程教学大纲关系不大的内容，尽量精简。

2.实务案例方面以技能的应用为主，突出真实性、现实性，尽量体现职业教育的本质，贯彻学以致用的原则，让学生学有所用，学能所用。

3.内容编排上强调条理性，以“学习目标”“引导案例”作为每个项目的起始和导入，并在每个项目后以“项目小结”“知识回顾”“课后拓展”的形式进行归纳和训练，较好地衔接了“学”与“练”的环节，并通过穿插在各具体任务中的“课堂讨论”“课堂练习”“小知识”“想一想”等栏目增强了本书的可读性。

本书由黄润林担任第一主编，陈友担任第二主编，林萍担任副主编，并由黄润林和陈友负责全书的总纂和审定。其中，项目一由玉林市田家炳中学谢芳媛编写；项目二由广西玉林财经学校黄润林编写；项目三由北海职业学院凌霞编写；项目四、项目五由昆明市财经商贸学校林萍编写；项目六由广西玉林财经学校陈友编写。此外，书中所涉及的素材、资料及政策的出处以及链接，也由谢芳媛编制。

在编写过程中，我们参阅了目前已出版的国内外相关优秀教材、专著和有关材料，引用了其中一些研究成果，并得到有关专家的大力支持与帮助，在此一并表示感谢。由于作者水平有限，书中内容安排与语言表达难免存在疏漏或不足，恳请读者批评指正。

编　者

2020年6月

目 录

项目一

认识税收

学习目标

◆ 知识目标

1. 了解税收的概念、职能及特征。

2. 理解和掌握税收的基本要素。

3. 理解和掌握税收的各种分类方法及具体分类。

◆ 技能目标

1. 掌握税收的三个特征，并能用其分析税收和费用的区别。

2. 掌握征税对象和税率的内容，特别是征税对象、税目和纳税依据的区别和联系。

3. 掌握不同税率形式的计算公式和计算方法。

4. 掌握税收的多种分类方法及其具体分类，能理解直接税与间接税、价内税和价外税的区别及其计算方法。

引导案例

当你走出家门时，有宽敞的马路和明亮的路灯，有维持交通秩序的交警；当你需要休闲娱乐时，有免费的广场、市内公园、图书馆及博物馆；当你需要接受教育时，有免费的九年制义务教育、有较低学费的公立高中和大学；当你需要就医时，有条件一流的公立医院和医疗保障；当你面临灾难时，有完善的社会保障和救助体系；当你遭遇伤害或不公正对待时，有公检法部门为你讨回公道。你之所以能如此安定地生活，是因为有国家的国防力量在保卫着你和社会的和平安定。你有没有想过，这一切都是理所当然的吗？你是否不需要任何付出就可以获得这么多的服务呢？答案当然是否定的。以上这一切存在的前提，是我们向国家缴纳了税款，作为“交换”，国家同时向我们提供了上述各种公共服务。税收的本质就是“取之于民，用之于民，造福于民”。

本项目主要讲述的是我国税收制度的基础理论。通过学习，我们应能了解税收的概念、职能和特征，理解并掌握税收的各种要素，掌握税收的各种分类方法及具体分类。

任务一　了解税收的概念、职能及特征

一、税收的概念

税收是国家为了实现其职能，凭借政治权力，按照法定标准，向单位和个人无偿地征收实物或货币，取得财政收入的一种方式。税收既是一个历史范畴，又是一个分配范畴，是随着国家和私有制的产生、存在而出现的，在社会再生产过程中属于分配范畴。

对于税收概念的理解，我们应掌握以下几点：

1.税收主体

税收的征收主体是国家，税收是以国家为主体的特殊分配形式，所以征税主体只能是国家，只有国家及其授权的部门（如税务机关、海关和财政部门等）才有征税的权力，其他任何单位和个人都没有征税的权力。税收的纳税主体是单位和个人，单位和个人有不可逃避的纳税义务。

2.征税依据

税收是国家为维系自身运转需要，基于其公共权力和政治权力，对于人民财产和收益实施的强制征收。税收是由国家强制性征收的，其依据是国家的政治权力。

3.征税目的

征税的目的是履行国家公共职能。税收具有“返还”的性质，国家通过税收筹集财政收入，通过预算安排用于财政支出，为人民提供所需的各种公共服务如基础建设、教育、医疗、社会保障及国防建设等。在我国社会主义制度下，国家、集体和个人之间的根本利益是一致的，因此可以说，税收的本质是“取之于民，用之于民，造福于民”。

4.税收属于分配范畴

国家税收就是把一部分社会产品由其他社会成员所有，强制地转变为国家所有，由国家进行分配使用。

二、税收的职能

税收的职能是指税收所具有的内在功能，它是税收分配在一定社会制度下所固有的功能和职责，是税收的一种长期固定的属性。一般来说，税收的职能主要体现在以下三个方面：

1.财政职能

税收的财政职能是指税收为国家组织财政收入的功能。税收是财政收入的主要

来源，组织财政收入是税收的基本职能。税收具有强制性、无偿性和固定性三大特征，筹集财政收入比收取费用更加稳定可靠。税收的这种特点，使其成为各国政府组织财政收入的基本形式。

2.经济职能

税收的经济职能是指国家运用税收来调控经济运行的功能。税收是调控经济运行的重要手段。经济决定税收，税收又反作用于经济，这既反映了经济是税收的来源，也体现了税收对经济的调控作用。政府运用税收手段，通过增税与减免税等手段来影响社会成员的经济利益，引导企业、个人的经济行为，对资源配置和社会经济发展产生影响，既可以调节宏观经济总量，也可以调节经济结构。

3.管理职能

税收的管理职能是指国家通过税收征管法令来约束纳税人社会经济行为的功能。税收涉及社会生产、流通、分配、消费各个领域，能够综合反映国家经济运行的质量和效率。税收的管理所涉及的范围十分广泛，既可以通过税收收入的增减及税源的变化，及时掌握宏观经济的发展变化趋势，也可以在税收征管活动中了解微观经济状况，发现并纠正纳税人在生产经营及财务管理中存在的问题，从而促进国民经济持续健康发展。

此外，税收管辖权是国家主权的重要组成部分，是主权国家根据其法律所拥有和行使的征税权力。它是国际法公认的国家基本权力，是国家权益的重要体现，所以在对外交往中，税收还具有维护国家权益的重要职能与作用。

三、税收的特征

税收有其固有的形式特征，是税收区别于其他财政收入方式的基本标志。根据税收的概念，我们可以概括出税收的三大特征，即强制性、无偿性、固定性。

1.强制性

强制性是指国家凭借政治权力并运用法律、法规的形式加以规定和征收，是一种强制性课征。任何单位和个人都必须遵守，不依法纳税者要受到法律的严厉制裁。它具有两层含义：

（1）分配关系具有强制性。如有关税收法律法规由国家立法程序确定，不得任意设立或废止。

（2）征收具有强制性。如税务部门强制要求纳税人纳税，依法纳税是人们不能回避的义务。

2.无偿性

无偿性是指国家征税之后，税款即归国家所有，不再直接归还给纳税人，也不直接向纳税人支付任何报酬或代价。当然在总体上，税收的无偿性是相对的，它还是具有间接的返还性的，即通过提供各种公共服务和公共产品，来实现“取之于民，用之于民”的税收本质。

3.固定性

固定性是指国家征税前预先规定了征税对象、纳税人和征税标准等征税纳税行为规范，征纳税双方都必须共同遵守，不能随意变动，朝令夕改。对什么征税，征收多少，都必须以法律形式事先规定，只能按照预定标准征收，而不能无限度征收。当然，税收的固定性不是绝对化的，不能以为标准确定以后就永远不能更改。随着社会经济条件的变化，具体的征税标准是可以变动的，比如，国家可以修订相关税收法律来调整征税标准。

以上三个税收的特征是统一的整体，是各种社会制度下的税收共性。只有共同具备这三个特征的，才是税收，否则就不能称之为税收。

课堂讨论：

为什么到学校读书交费叫做交学费，而不叫做交税？从税收的三个特征的角度论证一下两者的区别。

提示：

学费不具有强制性，你没有读书就不用交费，而纳税则是不可避免的强制义务；同时，学费也不具有无偿性，交学费直接换取的是学校提供的教育服务，所以它是有偿的。此外，学费虽然也具有一定的固定性，但这个固定性不是由国家法律法规予以明文规定并长期执行的，而是学校与教育部门根据一定的核算标准制定并经物价局批准执行的，变动性比较大。因此，学费不属于税收范畴。

另外，根据收缴学费的单位是学校，而不是国家及其授权征税的税务机关（在我国是税务局和海关），也可以简单地判断出来学费并非税收。

任务二　认识税收要素

所谓税收要素，是指构成税收制度和税收范畴的基本因素，是税收内容的具体表现。

税收要素包括：纳税人、征税对象、税率、减税免税、纳税环节、纳税期限、纳税地点等。其中，纳税人、征税对象和税率是税收的三个基本要素。

一、纳税人

纳税人，即纳税主体，是指依照税法的规定，对国家直接负有纳税义务的人，又称纳税义务人。纳税人包括法人、自然人和其他组织。

国家无论征收何种税，都要由一定的纳税义务人来承担，否则就不能称其为税收。例如，个人所得税须由取得应税所得的个人来承担，企业所得税须由取得应税所得的企业来承担，增值税须由销售货物和提供应税劳务的单位或个人来承担，消费税须由生产、委托加工和进口应税消费品的单位和个人承担等。

在我国税收的实践中，由于税收的转嫁性和出于税收征收的便利性，税收的最终承担者与税收的直接缴纳者并不一定为同一个单位和个人，因此，我们还需要了解和掌握以下几个概念：

1.负税人

负税人是实际或最终承担税款的单位或个人，是税收真正的负担人。负税人与纳税人的区别在于税款能否转嫁。当税款不能转嫁时，负税人与纳税人为同一主体，如个人所得税的税款由于无法转嫁，其负税人就是纳税人；当税款可以转嫁时，负税人与纳税人往往不是同一主体，如增值税的税款，纳税人为销售货物的单位和个人，由于增值税的转嫁性，这个增值税的税款包含在商品的售价内，并由消费者最终来承担，所以增值税的负税人实际上是消费者。

2.扣缴义务人

扣缴义务人是有义务从持有的纳税人收入中扣除，或向纳税人收取应纳税款，并代为缴纳税款的单位或个人。扣缴义务人既不是直接负担税款的纳税人，也不是实际负担税款的负税人，只是负有代为扣取或收取税款并缴纳税款责任的法定义务人。具体分为：

（1）代扣代缴义务人。代扣代缴义务人是指在支付款项时，有义务依法代扣代缴税款的法人或非法人。如单位在支付职工工资时，要依法将职工的应纳税款代扣并限期缴入国库。

（2）代收代缴义务人。代收代缴义务人是指借助经济往来关系向纳税人收取应纳税款并代为缴纳的企业或单位。目前代收代缴义务人主要有以下三类：①受托加工单位；②商业批发单位；③生产并销售原油、重油的单位。

小思考

1.某超市在缴纳了所有的相关税款后，将这些税款作为成本加到商品的销售价格中去。在此情况下，谁是纳税人和负税人？为什么？

2.某教授到某企业举办讲座，获得了一定的劳务报酬。企业在支付教授的报酬前，预先按税法的规定扣取了一定的税款并代为缴纳。在此情况下，教授和企业分别属于何种纳税人？为什么？

3.在校学习的学生没有工作也没有收入，根据以上定义，他们属于我国的纳税人或者负税人吗？为什么？

二、征税对象及其他相关概念

1.征税对象

征税对象，即纳税客体，也叫课税对象，是指税法规定的对什么征税，是区分不同税种的主要标志。一般来说，不同的税种有着不同的征税对象，不同的征税对象决定着税种所应有的不同性质。

每一个税种都有自己特定的征税对象，否则，这个税种就失去了存在的意义。凡是被列为征税对象的，就属于该税种的征收范围；凡是未被列为征税对象的，就不属于该税种的征收范围。例如，增值税的征税对象是货物和应税劳务在生产、流通过程中的增值额；消费税的征税对象是税法规定的各种应税消费品；所得税的征税对象是企业利润和个人工资、薪金、劳务报酬等项所得；房产税的征税对象是房屋；契税的征税对象是转移土地、房屋权属的行为等。总之，每一种税首先要确定它的征税对象，因为它体现着不同税种征税的基本界限，决定着不同税种名称的由来，以及各个税种在性质上的差别，并对税源、税收负担问题产生直接影响。

2.税目

税目，又叫征税品目，是指各个税种所规定的具体征税项目，是对征税对象的具体化，反映了具体的征税范围，代表着征税的广度。

税目是征税对象的具体项目。所有的税种都有征税对象，但不是所有的税种都规定了税目，有些税种的征税对象比较简单明确，就没有另行规定税目的必要，如企业所得税、房产税等。但是，就大多数税种来看，一般征税对象都比较复杂，且税种内部不同征税对象之间又需要采取不同的税率档次进行调节，这样就需要对征税对象做进一步的划分，做出具体的界限规定。这个规定的界限范围，就是税目。

因此，划分税目的主要作用如下：

（1）进一步明确征税范围。列入税目的征税，未列入的则不征税。例如，提供交通运输劳务列入增值税税目，未列入消费税税目，则该项业务属于增值税征收范围，而不属于消费税征收范围。

（2）解决征税对象的归类问题，并根据归类确定税率。例如，消费税就按应税消费品划分为不同的税目，如游艇、高档化妆品和高档手表等，税率分别是10%、15%和20%。

3.计税依据

计税依据，又叫税基，是指税法中规定的据以计算各种应征税款的依据或标准，即根据什么来计算纳税人应缴纳的税额。正确掌握计税依据，是税务机关贯彻和执行税收政策，保证国家财政收入的重要方面，也是纳税人正确履行纳税义务，合理负担税收的重要标志。

计税依据与征税对象虽然同样是反映征税的客体，但两者要解决的问题并不相同。征税对象是解决对什么征税，什么应该纳税的问题。计税依据则是解决征税对象中多少要计税的问题。

有些税种的征税对象和计税依据是一致的，如各种所得税，征税对象和计税依据都是应税所得额。但是有些税种则不一致，如消费税，征税对象是应税消费品，计税依据则是消费品的销售收入等。不同税种的计税依据是不同的。我国增值税的计税依据，一般都是货物和应税劳务的增值额；所得税的计税依据，是企业和个人的利润、工资或薪金所得额；而消费税的计税依据，则是应税消费品的销售额等。

需要注意的是，计税依据在表现形态上一般有两种：

（1）从价计征。从价计征就是以征税对象的价值作为计税依据，即以征税对象的自然数量与单位价格的乘积为计税依据。在这种情况下，征税对象和计税依据一般是一致的，如所得税的征税对象是所得额，计税依据也是所得额。

（2）从量计征。从量计征就是以征税对象的数量、重量、容积、面积等作为计税依据，在这种情况下，征税对象和计税依据一般是不一致的。如我国的车船税，它的征税对象是各种车辆、船舶，而计税依据则是车船的吨位。

4.征税范围

征税范围，是指税法规定应税内容的具体区间。它可以按货物、品种、所得和地区等方面进行划分。征税范围与征税对象密切相关，一般来说，它是对征税对象的进一步补充和具体划分。例如，我国现行的城镇土地使用税的征税对象是土地，其征税范围是城市、县城、建制镇和工矿区等。

课堂讨论：

在我国现行的消费税法中，征税对象是税法规定的应税消费品，而这些应税消费品又可以划分为烟、酒、高档化妆品、游艇、高档手表等15个类目（税目），不同的税目对应着不同的税率和税率形式。其中还规定，黄酒的税率是240元/吨，高档化妆品的税率是15%。那么，你能告诉我，黄酒和高档化妆品的计税依据分别属于从价还是从量计征吗?

提示：

从黄酒的税率为240元/吨得知，黄酒的计税依据应与重量有关，因此属于从量计征。而从高档化妆品的税率为15%得知，高档化妆品的计税依据应与价值（价格）有关，因此属于从价计征。

三、税率

税率是对征税对象的征收比例或征收额度。税率是计算税额的尺度，也是衡量税负轻重与否的重要标志。它体现了征税的深度，是税法的中心环节。

税率决定着纳税人税收负担的轻重，也决定着国家财政收入的多少，关系到国家、企业和个人的切身利益，因此，它是税法的中心环节，也是最重要的构成要素。在我国，现行的税率形式主要有比例税率、定额税率和超额累进税率等几种。

1.比例税率

比例税率是指对同一征税对象，不论其数额大小，均按同一比例计算应纳税额的税率。比如，一般纳税人销售或进口一般货物，增值税的税率为13%，企业所得税的税率为25%等。

在具体的运用中，比例税率又可以分为：

（1）单一比例税率，又叫“统一比例税率”，是指一个税种只规定一个征税比例的税率。例如，我国现行的企业所得税统一按25%的税率征收。

（2）差别比例税率，即根据征税对象或纳税人的不同性质，规定不同征税比例的税率。例如，我国现行的消费税就是按不同的消费品类目来设定不同的税率，如铅蓄电池为4%，鞭炮、焰火为15%，高档手表为20%等。

（3）幅度比例税率，即税法统一规定幅度，由各地区在此幅度内具体规定本地区征收比例的税率。例如，我国规定契税采用幅度比例税率，税率幅度为3%~5%，具体税率由省、自治区、直辖市根据实际情况确定。

采用比例税率的优缺点有：

优点：税率不随征税对象数额的变动而变动，便于按不同的产品设计不同的税率，计算简便。同时，征税对象数额越大，纳税人相对直接负担越轻，从而在一定程度上推动经济的发展。

缺点：不能较好地体现量能负担的原则。比如，如果个人所得税采用比例税率，不论收入多少都按同一比例征税，对低收入人群就很不公平，因此不宜采用比例税率。

其计算公式为：

应纳税额=计税依据×比例税率

我国目前采用比例税率的税种很多，主要有增值税、消费税的大部分税目、关税、企业所得税、房产税、契税等。

2.定额税率

定额税率是指按照征税对象的一定实物量，直接确定一个应缴税款的数额，又称“固定税额”。它不采用百分比而是采用绝对数的形式，如汽油的消费税定额税率为1.52元/升。定额税率只与实物量有关，因此，比例税率一般适用于从价计征，定额税率则适用于从量计征。其计算公式为：

应纳税额=计税依据×定额税率

我国目前采用定额税率的税种相对较少，主要包括消费税的少部分税目、资源税、城镇土地使用税和车船税等。

3.超额累进税率

超额累进税率是累进税率的一种，指按照计税依据的不同部分分别累进征税的累进税率。即将计税依据（如个人所得税的应纳税所得额）划分为若干等级，对每个等级部分的数额分别规定相应税率，分别计算税额，各级税额之和即为应纳税额。超额累进税率的“超”，是指征税对象数额超过某一等级时，仅就超过部分，按高一级税率计算征税。超额累进税率的计算方法比较烦琐，为简化计算，一般采用速算法计算，其计算公式为：

应纳税额=计税依据×适用税率-速算扣除数

我国目前采用超额累进税率的税种主要是个人所得税。

【例1-1】2019年10月，阳光旅行社的计税营业额为50万元，适用的税率是5%，求本月份阳光旅行社的应纳税额。

分析：从适用的税率固定为5%可知，旅行社的营业额采用的是比例税率。

答：应纳税额=500 000×5%=25 000（元）

【例1-2】2019年9月，酒鬼酒厂生产销售黄酒600吨，销售额为600万元，适用的税率为240元/吨，求本月份酒鬼酒厂的应纳税额。

分析：从适用的税率为240元/吨可知，黄酒的生产销售采用的税率形式是定额税率，因而只跟实物量有关，与销售金额没有任何关系。

答：应纳税额=600×240=144 000（元）

【例1-3】2019年2月，甲、乙、丙的应纳税所得额分别是3 000元、28 000元和90 000元，假设其所得适用表1-1所示的超额累进税率，求甲、乙、丙本月份的应纳税额分别是多少？

表1-1 **按月计算的综合所得税率表**

级数	全月应纳税所得额（元）	税率（%）	速算扣除数（元）
1	不超过3 000元的部分	3	0
2	超过3 000元至12 000元的部分	10	210
3	超过12 000元至25 000元的部分	20	1 410
4	超过25 000元至35 000元的部分	25	2 660
5	超过35 000元至55 000元的部分	30	4 410
6	超过55 000元至80 000元的部分	35	7 160
7	超过80 000元的部分	45	15 160

分析：从题目可知，应纳税所得额采用超额累进税率。先根据甲、乙、丙的应纳税所得额找出其所对应的税率和速算扣除数，根据公式，做出解答。

答：甲的应纳税额=3 000×3%-0=90（元）

乙的应纳税额=28 000×25%-2 660=4 340（元）

丙的应纳税额=90 000×45%-15 160=25 340（元）

【例1-4】2019年2月，甲、乙、丙的应纳税所得额分别是3 000元、28 000元和90 000元，若其所得采用比例税率，税率为10%，求甲、乙、丙本月份的应纳税额分别是多少？

答：甲的应纳税额=3 000×10%=300（元）

乙的应纳税额=28 000×10%=2 800（元）

丙的应纳税额=90 000×10%=9 000（元）

【例1-5】2019年10月，长城润滑油厂生产销售润滑油100吨，销售额为8 000万元，适用的税率为1.52元/升，且已知1吨润滑油等于1 126升。求本月长城润滑油厂的应纳税额。

分析：从适用的税率为1.52元/升可知，润滑油的生产销售采用的税率形式是定额税率，因而只与实物量有关，与销售额无关。

答：应纳税额=数量×定额税率=（100×1 126）×1.52 =171 152（元）

课堂讨论：

我国的个人所得税中，工资、薪金所得采用的是超额累进税率形式。请根据【例1-3】的例子思考一下，如果工资、薪金所得采用比例税率（假设税率为10%），对甲、乙、丙的应纳税额有什么影响？对国家来说，税款的征收总额又有何影响？

提示：

工资、薪金所得如果采用比例税率，则甲、乙、丙的应纳税额分别为300元、2 800元和9 000元。其中，低收入者甲的税负增加，中高收入者乙的税负大幅降低，而高收入者丙的税负降幅最大，说明采用比例税率没有起到"劫富"的作用。对于国家来说，税收总额是三者之和，为12 100元，比原税收总额29 770元（90+4 340+25 340）下降了一半以上；国家财政收入降低了，起"济贫"作用的社保政策就很难实施。因此，我国在工资、薪金所得中采用超额累进税率形式是比较公平合理的。

四、其他税收要素

纳税人、征税对象和税率是税收的三大基本要素，除此之外，税收要素还包括纳税期限、纳税环节、纳税地点和纳税优惠等。

1.纳税期限

纳税期限是税法规定纳税人发生纳税义务后缴纳税款的期限。它是税收强制性和固定性在时间上的体现。具体规定有三种：

（1）按期纳税。按期纳税是指以纳税人发生纳税义务的一定期间为纳税期限。如现行增值税的纳税期限，分别规定为1日、3日、5日、10日、15日、1个月或者1个季度。纳税人的具体纳税期限，应由税务主管部门根据纳税人生产经营情况和应纳税额的大小分别核定。一般情况下，纳税期限以1个月为期限的情况居多。

（2）按次纳税。按次纳税是指以纳税人从事生产经营活动或取得收入的次数为纳税期限。如我国现行对进口商品征收的关税、对房屋所有权权属转移行为征收的契税，都规定在发生纳税义务后按次纳税。

（3）按年计征，分期预缴。即按规定的期限预缴税款，年度结束后汇算清缴，多退少补。对于按年度计算税款的税种，分期预缴是为了及时平衡地取得税收收入而采取的一种纳税期限。分期预缴一般是按月或按季预缴，如我国现行的企业所得税、房产税、城镇土地使用税等。

2.纳税环节

纳税环节是指税法规定的对于不断运动的征税对象确定的应当缴纳税款的环节。征税对象在整个社会经济运行中是不断流转运动的（如货物从生产、销售到消费），在这些流转变动的过程中，哪些环节需要纳税，哪些环节不需纳税，税法中都必须做出明确的规定。例如，流转税（增值税、消费税和关税等）在生产和流通环节征税，所得税（企业所得税和个人所得税）在分配环节征税，财产税（房产税和车船税等）在持有环节征税。

3.纳税地点

纳税地点是指税法中规定的纳税人（包括扣缴义务人）具体缴纳税款的地点。它是根据各税种的征税对象、纳税环节，本着有利于从源泉控制税款的原则来确定的。

一般而言，在各税种的法律法规制度当中，要根据不同的情况来分别规定不同的纳税地点，既要方便于税务机关和纳税人征纳税款，又要有利于各地区、各征收机关的税收利益。

4.纳税优惠

税收优惠是税法规定的对某些纳税人或征税对象给予照顾和鼓励的特殊性规定。税收优惠主要包括减免税、起征点和免征额等形式。

（1）减免税。减免税主要是对某些纳税人和征税对象采取减少或免予征税的优惠规定。按其方式来划分，可分为征税对象减免、税率减免和税额减免等；按其性质来划分，则可分为法定减免、特定减免和临时减免等。

（2）起征点。起征点又叫起税点，是指征税对象达到征税数额开始计税的界限。起征点的主要特点是：当征税对象未达到起征点时，不用征税；当征税对象达到起征点时，对征税对象全额征税。例如，国家税务总局公告2019年第4号规定：小规模纳税人发生增值税应税销售行为，合计月销售额未超过10万元（以1个季度为1个纳税期的，季度销售额未超过30万元）的，免征增值税。

（3）免征额。免征额又叫费用扣除额，是指征税对象全部数额中规定免予计税的数额。免征额的主要特点是：当征税对象低于免征额时，不用征税；当征税对象高于免征额时，则从征税对象总额中减去免征额后，对余额部分征税。例如，自2018年10月1日起，个人所得税中的工资、薪金所得，免征额上调为5 000元/月，即工资、薪金所得的金额中，固定扣除5 000元/月，无须纳税。

【例1-6】假设有甲、乙、丙3人，其当月的收入分别是999元、1 000元和1 001元。现规定其税收的起征点为1 000元，税率为10%。求甲、乙、丙3人的应纳税额分别为多少？

答：甲的收入未达到起征点，其应纳税额应为0。

乙的收入正好达到起征点，应按全额纳税。

其应纳税额=1 000×10%=100（元）

丙的收入已经超过起征点，按全额纳税。

其应纳税额=1 001×10%=100.1（元）

【例1-7】假设有甲、乙、丙3人，其当月的收入分别是999元、1 000元和

1 001元。现规定其税收的免征额为1 000元，税率为10%。求甲、乙、丙3人的应纳税额分别为多少?

答：甲的收入未达到免征额，其应纳税额应为0。

乙的收入正好属于免征的部分。

其应纳税额=（1 000-1 000）×10%=0

丙的收入已经超过免征额，按其超过部分纳税。

其应纳税额=（1 001-1 000）×10%=0.1（元）

小知识

起征点与免征额的联系与区别

相同点：(1) 二者均属于减免税范围；(2) 一般都是针对个人的；(3) 当征税对象的额度小于起征点和免征额时，二者都不予以征税。

不同点：(1) 当征税对象的额度大于起征点和免征额时，采用起征点制度的要对征税对象的全部数额征税；采用免征额制度的仅对征税对象超过免征额部分征税。(2) 两者的侧重点不同，前者照顾的是低收入者，后者则是对所有纳税人的照顾。

任务三　了解税收分类

现代税收是一个由多税种组成的复合税制体系。各个税种都有其各自的特点与功能，在税制结构当中的地位与作用也是不同的。主体税种的选择是建立合理税制结构的中心环节，辅助税种的搭配、协调也十分重要，各税种之间存在一定的联系与区别。对税收进行科学的分类，不仅能够揭示各类税收的性质、特点、功能以及各类税收之间的联系与区别，也有利于建立合理的税收结构，充分发挥各类税收的功能与作用。因此，很有必要对各税种进行必要的分类，以建立合理的税制结构。在我国现行的税制结构当中，税收一般有以下几种不同的分类方法。

一、按征税对象分类

前面我们已经学过，征税对象是区分不同税种的主要标志，因此，按征税对象为标准的税收分类，是最重要的一种分类，在本教材中介绍的各个税种，也是按照这种分类方法来划分的。

以征税对象为标准划分，税收可以分为流转税类、所得税类、资源税类、财产税类和行为税类。

1.流转税类

流转税一般是指在生产和流通领域中，以销售额或营业收入为征税对象的一类税种。它是我国现行最大的一类税收，在我国的税收收入当中占有很大的比重。流转税的主要特点是：

（1）以商品生产、交换和提供商业性劳务为征税前提，征税范围较为广泛，既包括第一产业和第二产业的产品销售收入，也包括第三产业的营业收入；既对国内商品征税，也对进出口的商品征税，税源比较充足。

（2）以商品、劳务的销售额和营业收入作为计税依据，一般不受生产、经营成本和费用变化的影响，可以保证国家能够及时、稳定、可靠地取得财政收入。

（3）一般具有间接税的性质，特别是在从价征税的情况下，税收与价格密切相关，便于国家通过征税体现产业政策和消费政策。

（4）同有些税类相比，流转税在计算征收上较为简便易行，也容易为纳税人所接受。

流转税主要包括增值税、消费税和关税等。其中：

增值税：是以商品、劳务、服务在流转过程中产生的增值额作为计税依据而征收的一种流转税。

消费税：对在我国境内生产、委托加工和进口应税消费品的单位和个人征收。

关税：对我国进出口货物和物品的单位和个人征收。

2.所得税类

所得税又称收益税，是指国家对法人、自然人和其他经济组织在一定时期内的各种所得（收益）征收的一类税收。简单地说，所得税就是指以各种所得额为征税对象的一类税种。

所得税的特点包括：税基广泛，一般具有税率累进的税制特征，加上对各种减免税项目与扣除项目的设置，可以有效地促进和维护社会收入水平的相对公平，防止社会贫富差距过于悬殊。

所得税主要包括企业所得税、个人所得税与土地增值税。

3.资源税类

资源税一般是指以自然资源及级差收入为征税对象，对在我国境内从事资源开采的单位和个人征收的一类税种。资源税具有“普遍征收，级差调节”的特点：所有开采者开采的所有应税资源都应缴纳资源税；同时，开采中、优等资源的纳税人还要相应多缴纳一部分资源税。

在我国，资源税类主要包括资源税、城镇土地使用税和耕地占用税等。

4.财产税类

财产税一般是指对属于纳税人所有的财产或支配的财产的数量或价值额征收的一类税收。它以财产为征税对象，向财产的所有者征收。财产包括一切积累的劳动产品（如车、房、首饰等）、自然资源（如土地、矿藏、森林等）和各种科学技术、发明创作的特许权等。国家可以选择某些财产予以课税，对各种财产课征的税，就统称为财产税。财产税属于针对社会财富的存量来课税，而不是针对现有的收入

(如工资、薪金等) 来课税。它通常不是征收自当年度创造的价值，而是征收自往年度创造价值的各种积累形式。

财产税的实质是对涉及财产相关权利 (如财产所有权、使用权等) 的征税，体现了按能力纳税、平等负担的税收原则，可弥补其他税种的不足，因此为世界各国所重视和运用。目前我国很重视财产税的征收，比如广受关注的房地产税。2020年5月份发布的《中共中央　国务院关于新时代加快完善社会主义市场经济体制的意见》指出：稳妥推进房地产税立法。健全地方税体系，调整完善地方税税制，培育壮大地方税税源，稳步扩大地方税管理权。

在我国，财产税类主要包括房产税、车船税和契税等。

5.行为税类

行为税一般是指以纳税人的某些特定行为作为征税对象征收的一类税种。这种"特定行为"是相对于一般行为来说的。行为税的最大特点，是征纳行为的发生具有偶然性或一次性。由于行为税中大部分税种是为了限制某种特定的行为而开征的，因此，除印花税等税负较轻、长期征收的税种之外，税负都比较重，税源也很不稳定，加之征收范围有限，收入零星，征收管理难度大，又多为地方税，在税制体系中，行为税一般都只作为地方政府筹集地方财政资金的辅助税种存在。

在我国，行为税类主要包括印花税、城市维护建设税、车辆购置税等。

小知识

我国现行的税种

改革开放40多年来，经过几次较大的改革，我国税收制度日趋完善。几经变革，目前，我国共有增值税、消费税、企业所得税、个人所得税、资源税、城镇土地使用税、房产税、城市维护建设税、耕地占用税、土地增值税、车辆购置税、车船税、印花税、契税、烟叶税、关税、船舶吨税、固定资产投资方向调节税18个税种。其中，16个税种由税务部门负责征收；关税和船舶吨税由海关部门征收，另外，进口货物的增值税、消费税也由海关部门代征。同时，固定资产投资方向调节税从2000年起已暂停征收；自2016年5月1日起，我国全面推开营业税改征增值税（以下简称"营改增"）试点，将建筑业、房地产业、金融业、生活服务业全部纳入营改增试点，至此，营业税退出历史舞台。

值得一提的是，在我国沿袭两千多年之久的传统税收——农业税，已于2006年1月1日起被全面取消。这是对农民的一种历史性解放，是对农民在税负上与城市居民平等地位的恢复，意义非常重大。

二、按税收负担是否可以转嫁分类

前面我们学过纳税人和负税人的概念，了解到税收负担在某些情况下是可以转嫁的。那么，按照税收负担是否可以转嫁为标准，税收可以分为直接税和间接税两大类。

1.直接税

直接税一般是指纳税人同时是税收的实际负担者，纳税人不能或不便于把税收负担转嫁给别人的一类税种。属于直接税税收的纳税人，不仅在表面上有纳税义务，同时也是实际上的税收承担者，即纳税人与负税人是一致的。比如，个人所得税的纳税人，既无法把税收转嫁给单位，也无法转嫁给其他人，只能自己承担税收。

我国现行的企业所得税、个人所得税、城镇土地使用税、房产税和车船税等，都属于直接税。

2.间接税

间接税与直接税对称，一般是指纳税人能够将税负转嫁给他人负担的一类税收。属于间接税税收的纳税人，虽然表面上负有纳税义务，但是实际上已将自己的税款附加于所销售商品或服务的价格上，由消费者负担或用其他方式转嫁给他人，即纳税人与负税人并不一致。比如，KTV所缴纳的增值税，名义上是由KTV承担，但实际上已经把税款通过提高酒水价格转嫁给消费者了，所以我们可以说，增值税是一种间接税。

我国现行的流转税如增值税、消费税和关税等，都属于间接税。

小知识

流转税、间接税与负税人

为什么说流转税是最典型的间接税呢？因为流转税都是在商品或服务从生产到销售中的各个环节上征收的，销售者每一次被征收流转税，都会想方设法提高价格，以便把被征收的税款转嫁给购买者。因此，名义上流转税的纳税人是上一级销售者，但实际的承担者是下一级购买者，一级一级依次传导，直至商品或服务被消费者消费。至此，整个流通过程中所被征收的流转税，就全部叠加起来，转嫁到消费者身上了。因此，流转税的纳税人虽然是各级销售者，但实际税负转嫁给消费者，因而说流转税是很典型的间接税。在间接税的情况下，纳税人和负税人并不重合；消费者虽然没有直接缴纳税款，但作为负税人已经为国家承担了大量的税负。

所以，即使你没有工作没有收入，只要你有消费，你就在为国家纳税了，你也就可以理直气壮地享受国家的各种福利了！

三、按税收与价格的关系分类

以税收与价格的关系为标准，税收还可以分为价外税和价内税两大类。

1.价外税

价外税一般是指税金作为商品价格之外的附加额的一类税收，它的税金与商品的价格是分开标注和计算的。价税分开，有利于发挥价格和税收各自的独特作用，便于消费者对价格和税收进行监督，同时也便于企业根据市场情况确定价格。

我国现行的价外税主要是增值税。另外，车辆购置税也属于价外税。

2.价内税

价内税一般是指将税金作为商品价格的组成部分的一类税收，它的税金已经包含在商品的价格里面。价内税反映了商品价格的组成部分，在商品价格里面，商品的税金不仅是价格的一个合理部分，同时也是价值的一个有机组成部分。例如，我国消费者购买零售消费品，一般按消费品标明价格支付货币，并不知道消费品已缴税款有多少，因此，价内税具有隐蔽、间接、稳定的特点。

我国现行的价内税主要有除增值税外的其他流转税如消费税和关税等。

小知识

价内税与价外税的区别

价内税是由销售方承担税款，销售方取得的货款就是其销售款，而税款由销售款来计算。因此，税款等于销售款乘以税率。

价外税是由购买方承担税款，销售方取得的货款包括销售款和税款两部分。由于税款等于销售款乘以税率，而这里的销售款等于货款（含税价格）减去税款，即不含税价格，因此，税款计算公式演变为：

税款=［货款÷（1+税率）］×税率

所以，价内税与价外税的最直接的区别在于计算税款的应用公式不同。

价内税：

税款=含税价格×税率

价外税：

税款=［含税价格÷（1+税率）］×税率=不含税价格×税率

四、按照税收征收权限和收入支配权限分类

1994年，我国进行了分税制财政体制的改革，按照这一改革，国家将全部的税种在中央和地方政府之间进行划分，借以确定中央财政和地方财政的收支范围。按照分税制改革，以税收管理权限为标准，税收可以分为中央税、地方税以及中央地方共享税。

1.中央税

中央税又叫国家税，一般是指由中央政府管理并支配其收入的一类税收。中央税构成了中央政府的固定收入。通常，把需要由全国统一管理、影响全国性的商品流通和税源集中、收入较大的税种划为中央税。

因此，我国现行的中央税主要包括消费税、关税、车辆购置税等。

2.地方税

地方税一般是指由地方政府管理并支配其收入的一类税收。地方税构成了地方政府的固定收入。通常，把与地方资源、经济状况联系比较紧密，对全国性商品生产和流通影响小或没有影响，税源比较分散的税种划分为地方税。

因此，我国现行的地方税主要包括个人所得税、土地增值税、印花税、城市维护建设税、城镇土地使用税、房产税、契税、耕地占用税等。

3.中央地方共享税

中央地方共享税一般是指由中央政府与地方政府共同管理并按一定比例分别支配其收入的一类税收。中央地方共享税的收入由中央政府和地方政府按照一定的比例进行分配，例如增值税的收入，在“营改增”之前，由中央政府分享75%，地方政府分享25%；“营改增”之后，暂定为中央政府和地方政府各分享50%。一般来说，把税源具有普遍性、征管难度较大的税种划分为中央地方共享税。

我国现行的中央地方共享税主要包括增值税、企业所得税和资源税等。

小知识

国税局与地税局

你知道吗，在我国的税收征收管理体系中，曾存在两类不同的征收机构，它们分别是国家税务局（简称国税局）和地方税务局（简称地税局）。根据1994年分税制财政管理体制改革决定，以税收管理权限为标准，税收可以分为地方税、中央税和中央地方共享税。其中，前者由地税局负责征收，收入归地方政府支配；后两者由国税局负责征收，中央税收入全部归中央政府所有，中央地方共享税收入则按比例由中央政府与地方政府共享。

具体来讲，国税局负责管理和征收增值税、消费税、车辆购置税、证券交易印花税和中央企业的企业所得税等。地税局则负责管理和征收（地方国有企业、集体企业、私营企业缴纳的）企业所得税、城市维护建设税、个人所得税、资源税、房产税、土地增值税、城镇土地使用税、印花税、契税及车船税等。

2018年3月13日，十三届全国人大一次会议在北京人民大会堂举行第四次全体会议。受国务院委托，国务委员王勇向十三届全国人大一次会议作关于国务院机构改革方案的说明。该说明第二点第十一条明确指出，“改革国税地税征管体制。将省级和省级以下国税地税机构合并，具体承担所辖区域内的各项税收、非税收入征管等职责。国税地税机构合并后，实行以国家税务总局为主与省（区、市）人民政府双重领导管理体制。”2018年7月20日，全国省市县乡四级新税务机构全部完成挂牌，至此，国税地税机构完成合并，不再在地方设立国税局与地税局。

想一想

1.税收的定义应如何理解？税收的三大特征是什么，我们如何利用它们来区别税收与收费？

2.什么是纳税人、负税人、扣缴义务人？你能正确区分它们吗？

3.征税对象与税目存在什么样的区别和联系？

4.税率的形式包括哪些？相对超额累进税率，比例税率存在哪些优缺点呢？

5.起征点与免征额的区别和联系是什么？作为纳税人，你觉得哪一种更适合呢？

6.按照征税对象分类，税收可以分为哪些类别，每个类别又分别包含哪些税种呢？

7.直接税与间接税的区别是什么？它们如何影响纳税人和负税人的关系？

8.价外税与价内税有哪些不同点？

职场对接

小黄从中专毕业后，应聘到某私企担任会计职务，除了负责单位的会计核算和财务管理等日常工作之外，还负责单位的纳税申报工作。小黄深知肩上责任重大，自己又没有经验，所以日常工作中小心翼翼，力求不出半点差错。然而事与愿违，在小黄工作的第三个月就出状况了：税务主管机关的工作人员方某联系小黄，认为小黄送交的纳税申报表有偷税漏税嫌疑，要求企业补缴一倍以上的税款。小黄急得满头是汗，经仔细查核，小黄认为财务记录和纳税申报表并无问题，遂向方某反映，要求税务机关重新查核，并取消其处罚决定。在遭到方某数次坚拒其合理要求之后，小黄气愤地说："我是纳税人，我对税务机关不正确的决定享有申诉并得到纠正的权利。"方某傲慢地回答说："依照税法的规定，纳税人是对国家直接负有纳税义务的人，你工资很低根本没为国家纳过税，你算啥纳税人！"

同学们思考一下，方某的话有道理吗？我们该如何反驳方某的言论，并维护我们的正当权利呢？

提示：(1) 自己没有直接负担、缴纳过税款，不是税法中所说的纳税人，就一定对国家税收没有贡献，就一定不能享有作为纳税人的权利吗？

(2) 小黄现在代表的是企业单位，企业（法人）可以是纳税人吗？如果是纳税人的话，企业是否能够与自然人一样，享有纳税人的正当权利呢？

(3) 大家上网查询一下，看看在我国纳税人享有哪些权利？

(4) 税务机关作为国家机关，它与纳税人的关系是怎样的？它的办公经费和人员开支从何而来？需要对纳税人负责吗？

项目小结

◆税收是国家为了实现其职能，凭借政治权力，按照法定标准，向单位和个人无偿地征收实物或货币，取得财政收入的一种方式。它具有强制性、无偿性和固定性三大特征。

◆税收要素包括纳税人、征税对象、税率、减税免税、纳税环节、纳税期限、纳税地点等。其中，纳税人、征税对象和税率是三个基本要素。

◆纳税人、负税人、扣缴义务人的区别：纳税人直接负有纳税义务；负税人实际负担税款；扣缴义务人既不负有纳税义务，也不实际负担税款，它只是有法律上的义务，向纳税人扣取或收取税款，并代为向税务机关缴纳。

◆我国现行的税率形式主要包括三种，分别是比例税率、定额税率和超额累进税率，其中比例税率是最常见的一种形式。比例税率属于从价计征，定额税率属于从量计征。

◆根据不同的标准，税收可以划分成不同的种类。其中，以征税对象为标准来划分，可以分为流转税、所得税、财产税、资源税和行为税，这是一种最常见也是最重要的税收分类方法。

项目测试

一、判断题

1.税收的固定性说明税收的标准是永远不会改变的。 ( )

2.增值税属于价外税，同时也是间接税。 ( )

3.消费税属于价内税，也是直接税。 ( )

4.企业和个人所得税都属于直接税。 ( )

5.只要我们不去工作，也不获得收入，我们就能够逃避税收。 ( )

6.所有的税种都有征税对象，但不是所有的税种都规定了税目。 ( )

7.我很有钱，说明我的收入很高。 ( )

8.企业所得税采用的是超额累进税率。 ( )

9.开车经过收费站需要交过路费，过路费是一种税收。 ( )

10.财产税类主要包括房产税、车船税、土地增值税和个人所得税等。 ( )

11.通常，把需要由全国统一管理、影响全国性的商品流通和税源集中、收入较大的税种划为中央税。 ( )

12.纳税地点是指税法中规定的纳税人（包括扣缴义务人）具体缴纳税款的地点。 ( )

13.征税对象、纳税人和税率，是税收要素中的三大基本要素。 ( )

14.纳税依据是计算税额的尺度，也是衡量税负轻重与否的重要标志。 ( )

15.扣缴义务人分为代扣代缴义务人和代收代缴义务人。 ( )

16.从税收征收形式上看，无论是发达国家还是发展中国家税收主要是以货币形式参与国民收入分配的。 ( )

17.税收的固定性特征是指课税对象及每一单位课税对象的征收比例或征收数

额是固定不变的，一般只能按照政府确定的预定标准征收。（ ）

18.征税对象作为征税的客体，是一个税种区别于另一个税种的主要标志。（ ）

19.比例税率的基本特点是税率与征税对象同方向变动，征税对象越大，税率越高。（ ）

20.随着网络技术和网络经济发展，我国出现大量“网上书店”“网上商店”等电子商务形式。从管理角度看，税务机关无法根据区域管理纳税人，甚至难以确定征税地点、纳税人和税务机构，也难以追踪检查会计凭证，一句话，电子商务引发税收征管新问题。（ ）

二、单项选择题

1.（ ）是区别不同税种的重要标志。

A.征税对象 B.税目 C.税率 D.纳税人

2.能够确定征税对象具体范围的是（ ）。

A.征税对象 B.税率 C.税目 D.计税依据

3.参照【例1-3】中的超额累进税率表，若某人的应纳税所得额为10 000元，则应纳税额为（ ）元。

A.500 B.790 C.2 000 D.3 000

4.（ ）是税法的中心环节。

A.征税对象 B.税率 C.纳税义务人 D.税目

5.某厂销售货物10吨，已知针对该行为采用定额税率，税率为0.3元/千克，则应纳税额为（ ）元。

A.3 B.30 C.300 D.3 000

6.按照征税对象一定的实物量，直接确定一个应缴税款的数额称为（ ）。

A.比例税率 B.定额税率

C.超额累进税率 D.累退税率

7.（ ）是指对同一征税对象，不论其数额大小，均按同一比例计算应纳税额的税率。

A.比例税率 B.定额税率 C.累进税率 D.累退税率

8.按征税对象划分，增值税属于（ ）。

A.流转税 B.所得税 C.资源税 D.行为税

9.按征税对象划分，印花税属于（ ）。

A.行为税 B.所得税 C.财产税 D.资源税

10.消费税属于（ ）。

A.间接税 B.直接税 C.所得税 D.行为税

11.增值税属于（ ）。

A.价内税 B.价外税 C.资源税 D.行为税

12.通常，把税源具有普遍性、征管难度较大的税种划分为（ ）。

A.国家税 B.中央税

C.地方税 D.中央地方共享税

13.（ ）是实际或最终承担税款的单位或个人，是税收真正的负担人。

A.纳税人 B.消费者 C.负税人 D.扣缴义务人

14.税收的征收主体是（ ）。

A.社会 B.国家 C.单位 D.个人

15.（ ）是指税法规定的对于不断运动的征税对象确定的应当缴纳税款的环节。

A.纳税依据 B.纳税期限 C.纳税环节 D.纳税地点

16.近年来，我国不断提高个人所得税的免征额，实际上体现的税收原则是（ ）。

A.财政原则 B.公平原则 C.效率原则 D.法治原则

17.税收由经济因素、政策因素、征管因素三因素共同决定。其中对税收具有决定性和基础性影响的因素是（ ）。

A.经济因素 B.政策因素 C.征管因素

18.税收征收的依据是法律，凭借的是（ ）。

A.政治权力 B.财产权力 C.法律权力 D.行政权力

19.一般而言，在税收原则体系中，首要的税收原则是（ ）。

A.效率原则 B.公平原则 C.法治原则 D.财政原则

20.国家参与国民收入分配的主要形式是（ ）。

A.上缴利润 B.国债收入 C.税收收入 D.规费收入

三、多项选择题

1.最重要的税收要素有（ ）。

A.纳税人 B.征税对象 C.纳税期限 D.税率

2.税率的形式有（ ）。

A.比例税率 B.定额税率

C.超额累进税率 D.全额累退税率

3.消费税属于（ ）。

A.价内税 B.价外税 C.直接税 D.间接税

4.纳税优惠包括（ ）。

A.全部免征 B.减免税 C.起征点 D.免征额

5.按征税对象分，我国税种可分为（ ）。

A.流转税 B.所得税 C.资源土地税

D.财产税 E.行为税

6.下列属于我国流转税的主要有（ ）。

A.增值税　B.消费税　C.房产税　D.关税

7.我国目前开征的所得税主要有（　　）。

A.企业所得税　B.外商投资和外国企业所得税

C.个人所得税　D.农业税

8.下列属于我国财产税的主要有（　　）。

A.房产税　B.车船税　C.契税　D.印花税

9.按照分税制改革，以税收管理权限为标准，税收可以分为（　　）。

A.关税　B.中央税

C.地方税　D.中央地方共享税

10.消费税属于（　　）。

A.流转税　B.价内税

C.间接税　D.中央地方共享税

11.在我国，行为税类主要包括（　　）。

A.资源税　B.房产税　C.印花税　D.车辆购置税

12.目前，在我国已经被取消或不存在的税种有（　　）。

A.农业税　B.筵席税　C.屠宰税　D.遗产税

13.下列税种中，属于直接税的有（　　）。

A.增值税　B.企业所得税　C.财产税　D.消费税

14.下列税种中，属于价内税的有（　　）。

A.增值税　B.车辆购置税　C.关税　D.消费税

15.我国现行税制中，属于中央税的有（　　）。

A.关税　B.房产税　C.印花税　D.消费税

16.税收的三大特征有（　　）。

A.强制性　B.固定性　C.无偿性　D.自愿性

17.下列税率中，属于累进税率的有（　　）。

A.全额累进税率　B.超额累进税率

C.差别比例税率　D.超率累进税率

18.税收必须遵守的三项原则有（　　）。

A.财政原则　B.效率原则　C.公平原则　D.重要性原则

19.资源税的计税依据可以涉及（　　）。

A.销售额　B.实际产量　C.销售数量

D.自用数量　E.收购数量

20.从法律角度划分，纳税人包括（　　）。

A.法人　B.社会人　C.自然人　D.经济人

四、计算题

1.纳税人甲某全年应纳税所得额为30 000元，假设采用超额累进税率，计算其应纳税额是多少。超额累进税率见表1-2。

表1-2 超额累进税率表

级次	全年应纳税所得额级距（元）	税率（%）	速算扣除数（元）
1	0~36 000	3	0
2	36 000~144 000	10	2 520
3	144 000~300 000	20	16 920
4	300 000~420 000	25	31 920

2. 纳税人乙某全年应纳税所得额为80 000元，假设采用表1-2所示的超额累进税率，计算其应纳税额是多少。

3. 第2题中的乙某比第1题中的甲某多缴纳多少税款？你认为这样合理吗？为什么？

4. 纳税人甲某和乙某的全年应纳税所得额分别为30 000元和80 000元，假设采用比例税率，且税率均为5%，计算两人的应纳税额是多少。

5. 第4题中，乙某比甲某多缴纳多少税款？与第3题中的情况相比，你认为采用哪种税率形式更加合理，更能促进社会公平？

6. 某石油化工厂3月份生产销售汽油5 000吨。已知汽油的税率为1.52元/升，且1吨汽油=1 388升。该厂3月份的应纳税额为多少？

7. 某啤酒厂3月份生产销售啤酒20 000件，每件12瓶，每瓶500毫升。已知啤酒的税率为250元/吨，且1吨啤酒=988升。该厂3月份的应纳税额为多少？

8. 李某开了一家文印店，月营业额为30 000元，假设税法规定增值税的起征点为20 000元，税率为6%，对于其应纳税额的计算，下面哪一种方法是正确的，为什么？

第一种方法：

应纳税额=30 000×6%=1 800（元）

第二种方法：

应纳税额=（30 000-20 000）×6%=600（元）

9. 如果将第8题中的起征点20 000元，改为免征额20 000元，判断下面哪一种计算方法是正确的并说明原因。

第一种方法：

应纳税额=30 000×6%=1 800（元）

第二种方法：

应纳税额=（30 000-20 000）×6%=600（元）

10. 甲、乙、丙三人分别从事个体理发工作，某月份取得营业收入分别为20 000元、30 000元、50 000元。假如规定起征点为月营业额20 000元，税率为营业额的6%，请问以上三人是否都应该纳税，应纳税额各为多少？

11. 甲、乙、丙三人分别从事个体理发工作，某月份取得营业收入分别为20 000元、30 000元、50 000元。假如规定免征额为月营业额20 000元，税率为营业额的6%，请问以上三人是否都应该纳税，应纳税额分别为多少？

五、问答题

1. 简述税收的形式特征。

2. 比较起征点与免征额的区别。

3. 比较全额累进税率和超额累进税率各自的特点。

课后拓展

关注新媒体平台，获取税收领域最新的观点、方法、技巧，了解税费计算与缴纳的前沿资讯。

微信公众号“中国税务报”是中国税务报社的新媒体平台。该平台立足税收，面向社会，开设了“抗疫政策”、“互动交流”和“微服务”三个栏目，下设“中国税务报网络报”“报刊订阅”“客户端”“报纸微博”“12366纳服平台”“税务行政审批办理”“重大税收违法案件”等子栏目。在微信公众账号中搜索“chinataxnews”或用手机扫描二维码即可关注。

项目二

掌握增值税计算与缴纳

学习目标

◆ 知识目标

1.理解增值税的基本法律内容及对纳税人、征税范围及税率的相关规定。

2.理解增值税一般纳税人和小规模纳税人的划分标准、范围和纳税义务。

3.理解增值税销售额的核定及税款计算。

◆ 技能目标

1.掌握增值税的基本原理、特点和作用，熟悉增值税的基本制度。

2.掌握增值税的征收范围。

3.掌握增值税的计算方法，包括销售额、销项税额、进项税额和应纳税额的确定等。

引导案例

江苏省从事服装零售业的个体工商户，属于按季申报的增值税小规模纳税人，2020年1月份销售货物20万元，2月份因疫情停业未销售货物，预计3月份销售货物5万元，同时销售不动产50万元，相关业务均未开具专用发票，请问一季度该个体工商户应该如何计算缴纳增值税？

任务一　认识增值税

一、增值税的基础知识

1.增值税的概念

增值税是以商品、劳务、服务在流转过程中产生的增值额作为计税依据而征收的一种流转税。从计税原理上说，增值税是对商品、劳务、服务在流转过程中多个环节的新增价值或商品的附加值征收的一种税。增值税实行价外税，也就是由消费者负担，有增值才征税，没增值不征税。

增值税作为中国最主要的税种之一，增值税的收入占中国全部税收的60%以上，是最大的税种。增值税的税收收入中50%为中央财政收入，50%为地方收入。进口环节的增值税由海关负责征收，税收收入全部为中央财政收入。

增值额，是指纳税人从事生产经营（或提供劳务、服务），而在购入商品（或取得劳务、接收服务）时价值上的增加额，即纳税人取得的商品、服务、劳务销售收入额（经营收入额）大于购入商品（或取得劳务、接收服务）支出金额的差额。

增值额是理解增值税的关键。增值额是指从事工业制造、商业经营和提供劳务过程中所创造的那部分价值。

理论上讲，增值额是指人类劳动过程中新创造的价值额，相当于商品价值C+V+M中的V+M部分。C部分是消耗掉的生产资料，在产品销售后作为成本收回，用于购买生产资料，维持再生产的进行，它不是税收的征税对象；V部分是劳动者创造的用于弥补劳动力价值的那部分价值，它与M部分同属于劳动者新创造的价值，即国民收入；理论上把V+M部分作为增值税征税对象的增值额。

实践上的增值额，可以从以下两个方面来理解。

第一，从一个生产经营单位来看，增值额是销售货物或提供劳务的收入额扣除为生产经营这种货物而外购的那部分货物价款后的金额。

第二，从一项货物来看，增值额是货物经历的生产和流通的各个环节所创造的增值额之和，即该货物的最终销售价值。

2.增值税的发展历程

增值税已经成为一个世界性的税种，其产生与发展主要经过了三个阶段：

第一阶段是萌芽时期，1921年法国人西蒙斯正式提出增值税的名称，并细述了增值税的含义。

第二阶段为创立时期，为消除重复征税的弊端，法国于1954年对原营业税进行了一次全面的改革，把对全值征税改为对增值征税，并逐步形成了一套较为完整的增值税征收制度。

第三阶段为发展阶段，增值税在法国实践成功后，先后有许多国家借鉴采用，现有160多个国家开征了增值税，并成为各国税制的主体。

我国目前的增值税体系创建于1994年，最初增值税仅适用于销售、进口货物以及提供加工与修理修配劳务。自2012年起，增值税逐步向服务行业扩散，而财税2016年36号文件的发布，意味着增值税将全面替代营业税，适用于所有货物和服务。

我国增值税的发展历程有以下几个阶段：

第一阶段：1979年下半年至1982年12月在部分城市对机器机械、农业机具和部分日用机械产品试点征收增值税。

第二阶段：1983年1月至1984年9月在全国范围内对上述行业和产品统一试行增值税。

第三阶段：1984年10月至1993年12月增值税在我国初步建立，对征收范围和方法进行了相应的改革。

第四阶段：1994年1月至2004年6月为增值税逐步完善阶段。从1994年1月起在全国范围内统一实施增值税，经过10年的调整与完善，增值税逐步趋于规范与科学。

第五阶段：2004年7月至2008年11月为增值税的转型试点阶段。东北三省8个行业从2004年7月起进行增值税由生产型向消费型转型的试点；2007年7月1日起，在中西部地区6个省26个老工业基地城市进行增值税转型的扩大试点。

第六阶段：2008年12月至今为增值税的全面转型阶段。从2009年1月起，在全国范围内实施由生产型增值税向消费型增值税的转型。

第七阶段：2012年1月至今为营业税改征增值税的阶段。2012年1月1日，上海市作为首个城市在交通运输业和部分现代服务业开展营业税改征增值税试点（财税〔2011〕111号），至此，货物劳务税收制度的改革拉开序幕。2012年7月31日，财政部和国家税务总局联合印发《财政部、国家税务总局关于在北京等8省市开展交通运输业和部分现代服务业营业税改征增值税试点的通知》（财税〔2012〕71号），确定将交通运输业和部分现代服务业营业税改征增值税试点范围，由上海市分批扩大至北京等8个省（直辖市）。

财政部和国家税务总局2013年5月24日联合印发《财政部、国家税务总局关于在全国开展交通运输业和部分现代服务业营业税改征增值税试点税收政策的通知》（财税〔2013〕37号），进一步明确从2013年8月1日起在全国范围内开展交通运输业和部分现代服务业营业税改征增值税试点的相关税收政策。

2013年12月9日，财政部、国家税务总局联合发文《关于将铁路运输和邮政业纳入营业税改征增值税试点的通知》（财税〔2013〕106号），明确自2014年1月1日起，在全国范围内开展铁路运输和邮政业“营改增”试点，同时，《财政部、国家税务总局关于在全国开展交通运输业和部分现代服务业营业税改征增值税试点税收政策的通知》（财税〔2013〕37号）自2014年1月1日起废止。

2014年4月30日，财政部、国家税务总局联合发布《财政部、国家税务总局关于将电信业纳入营业税改征增值税试点的通知》(财税〔2014〕43号，从2014年6月1日起电信业正式纳入“营改增”范围。

2016年5月1日，房地产、建筑业及金融保险业进入“营改增”的范围，至此，营业税彻底退出，营业税全部被增值税取代。

3.增值税的类型

目前实施增值税的国家对于纳税人生产产品所耗费的生产资料中的非固定资产项目，如外购原材料、燃料、零部件、动力、包装物等，一律允许扣除，但对于购入的固定资产，如厂房、机器、设备等是否允许扣除，如何扣除，则有不同的规定。根据扣除项目中对外购固定资产的处理方式不同，增值税可以分为三种类型，见表2-1。

表2-1 **增值税的三种类型**

增值税类型	特点	优点	缺点
生产型增值税（我国1994—2008年）	1.课税基数大体相当于国民生产总值的统计口径 2.确定法定增值额不允许扣除任何外购固定资产价款 3.法定增值额>理论增值额	保证财政收入	对固定资产存在重复征税现象，不利于鼓励投资
收入型增值税	1.课税基数相当于国民收入的部分 2.对外购固定资产只允许扣除当期计入产品价值的折旧费部分 3.法定增值额=理论增值额	一种标准的增值税，避免重复征税	凭发票扣税的计算方法操作起来比较困难
消费型增值税（我国从2009年1月1日开始执行）	1.课税基数仅限于消费资料价值的部分 2.允许当期购入固定资产价款一次全部扣除 3.法定增值额<理论增值额	便于操作	减少财政收入

4.增值税的特点

(1) 征收范围广。凡是从事经营活动的纳税人，不论是制造业、商贸企业、交通运输业、建筑业、金融业、生活服务业、房地产业还是现代服务业，只要在经营中产生增值额，都应缴纳增值税。

(2) 实行税款抵扣制。企业在计算增值税时，根据货物、服务、无形资产、不动产或者应税劳务的销售额，按规定的税率计算应纳税款，扣除上一道环节已纳的增值税税款，其余额即为纳税人应缴纳的增值税税款，以避免重复纳税。

(3) 实行价外税。在计税时，作为计税依据的销售额不包含销项税额，这样有利于形成均衡的生产价格，有利于税负转嫁的实现。

(4) 税负转嫁。虽然增值税是企业向税务机关缴纳的，但企业在销售商品、服务、无形资产、不动产或者提供劳务时通过价格将税负转嫁给了下一个流通环节，最终转嫁给消费者。

5.增值税的作用

（1）保证财政收入的稳定增长。由于增值税是按增值额计税，就整个社会来说，增值额大体上相当于企业所创造的国民收入，增值税会随国民收入的增长而增长；增值税不受经济结构变化的影响，不会因企业联合而减少企业税负，不会因实行专业化协作而增加企业税负。因此，增值税有利于保证国家财政收入的稳定增长。

（2）促进专业化协作生产发展。现代社会生产发展的趋势是专业化协作，以实现高精尖、大批量、低成本和低消耗的生产目标，这是社会化大生产的客观要求。增值税把道道征税的普遍性与按增值额征税的合理性有机地结合起来，有效地解决了按流转额征税而带来的对协作生产重复征税的问题。

（3）有利于促进对外经济交往。实行增值税的国家一般对出口实行零税率，使出口商品以不含税的价格进入国际市场，增强出口商品在国际市场上的竞争力。在进口环节征收增值税，使进口货物与国内同种货物之间税负一致，有利于在对外经济交往中维护国家权益，有利于国内生产的发展和国家间的税负协调。

二、增值税的征收范围

凡是在我国境内销售货物、服务、无形资产、不动产或者提供应税劳务以及进口货物的，都属于增值税征收范围，主要包括：

1.销售或者进口货物

货物是指有形的动产，包括电力、热力和气体。

销售货物，是指有偿转让货物的所有权的行为，货物的起运地或所在地在境内。

进口货物，即申报进入我国海关境内的货物，只要是报关进口的应税货物，均属于增值税的征收范围，除享受免税政策外，在进口环节缴纳增值税。

2.销售服务

销售服务是指提供交通运输服务、邮政服务、电信服务、建筑服务、金融服务、现代服务业生活服务。

（1）交通运输服务。交通运输服务，是指使用运输工具将货物或者旅客送达目的地，使其空间位置得到转移的业务活动，包括陆路运输服务（含铁路运输）、水路运输服务、航空运输服务和管道运输服务。

①陆路运输：包括地上地下运输；出租车公司收取的出租车管理费，按照陆路运输服务缴纳增值税。

②水路运输：含程租、期租业务。

③航空运输：含航空运输湿租业务和航天运输服务。

④管道运输：指通过管道设施输送气体、液体、固体物质的运输业务活动。

无运输工具承运业务按照交通运输服务缴纳增值税。

（2）邮政服务。邮政服务，是指中国邮政集团公司及其所属邮政企业提供邮件寄递、邮政汇兑、机要通信和邮政代理等邮政服务的业务活动，包括邮政普通服务、邮政特殊服务、其他邮政服务：

①邮政普通服务：函件、包裹等邮件寄递，以及邮票发行、报刊发行和邮政汇兑等业务。

②邮政特殊服务：义务兵平常信函、机要通信、盲人读物和革命烈士遗物的寄递等业务。

③其他邮政服务：邮册等邮品销售、邮政代理等业务活动。

（3）电信服务。电信业，是指利用有线、无线的电磁系统或者光电系统等各种通信网络资源，提供语音通话服务，传送、发射、接收或者应用图像、短信等电子数据和信息的业务活动，包括基础电信服务和增值电信服务：

①基础电信服务：出租或出售带宽、波长等网络元素的业务。

②增值电信服务：卫星电视信号落地转接服务，按照增值电信服务缴纳增值税。

（4）建筑服务。建筑服务是指各类建筑物、构筑物及其附属设施的建造、修缮、装饰、线路、管道、设备、设施等的安装以及其他工程作业的业务活动，包括工程服务、安装服务、修缮服务、装饰服务和其他建筑服务。

修缮服务是指对建筑物、构筑物进行修补、加固、养护、改善，使之恢复原来的使用价值或延长使用期限的工程作业。

固定电话、有线电视、宽带、水、电、燃气、暖气等经营者向用户收取的安装费、初装费、开户费、扩容费以及类似收费，按照安装服务缴纳增值税。

其他建筑服务主要包括：拆除建筑物或者构筑物、平整土地、园林绿化、疏浚（不包括航道疏浚）、表面附着物（包括岩层、土层、沙层等）剥离和清理等工程作业。

（5）金融服务。金融服务是指经营金融保险的业务活动，包括贷款服务、直接收费金融服务、保险服务和金融商品转让。

①贷款服务：贷款是指将资金贷与他人使用而取得利息收入的业务活动，包括各种占用、拆借资金取得收入，包括金融商品持有期间（含到期）利息（保本收益、报酬、资金占用费、补偿金等）收入、信用卡透支利息收入、买入返售金融商品利息收入、融资融券收取的利息收入，以及融资性售后回租、押汇、罚息、票据贴现、转贷等业务取得的利息及利息性质的收入。

以货币资金投资收取的固定利润或者保底利润按贷款服务缴纳增值税。

②直接收费金融服务：包括提供货币兑换、账户管理、电子银行、信用卡、信用证、财务担保、资产管理、信托管理、基金管理、金融交易场所（平台）管理、

资金结算、资金清算、金融支付等服务。

③保险服务：包括人身保险服务和财产保险服务。

④金融商品转让：包括转让外汇、有价证券、非货物期货和其他金融商品所有权业务活动。其他金融商品转让包括基金、信托、理财产品等各类资产管理产品和各种金融衍生品的转让。

（6）现代服务。现代服务是指围绕制造业、文化产业、现代物流产业等提供技术性、知识性服务的业务活动，包括研发和技术服务、信息技术服务、文化创意服务、物流辅助服务、租赁服务、鉴证咨询服务、广播影视服务、商务辅助服务和其他现代服务。

文化创意服务包括设计服务、知识产权服务、广告服务（包括广告代理和广告的发布、播映、宣传、展示等）和会议展览服务。

物流辅助服务包括航空服务、港口码头服务、货运客运场站服务、打捞救助服务、装卸搬运服务、仓储服务和收派服务。

租赁服务包括融资租赁和经营租赁。将建筑物、构筑物等不动产或者飞机、车辆等有形动产的广告位出租给其他单位或个人用于发布广告按照经营租赁服务缴纳增值税。

车辆停放服务、道路通行服务（包括过路费、过桥费、过闸费等）按照不动产经营租赁服务缴纳增值税。

（7）生活服务。生活服务是指为满足城乡居民日常生活需求提供的各类服务活动，包括文化体育服务、教育医疗服务、旅游娱乐服务、餐饮住宿服务、居民日常服务（包括市容市政管理、家政、婚庆、养老、殡葬、照料和护理、救助救济、美容美发、按摩、桑拿、氧吧、足疗、沐浴、洗染、摄影扩印等服务）、其他生活服务。

3.销售无形资产

销售无形资产，是指转让无形资产所有权或者使用权的业务活动。无形资产，是指不具实物形态，但能带来经济利益的资产，包括技术、商标、著作权、商誉、自然资源使用权和其他权益性无形资产。

这里的技术，包括专利技术与非专利技术；自然资源使用权包括土地使用权、海域使用权、探矿权采矿权、取水权和其他自然资源使用权；其他权益性无形资产包括基础设施资产经营权、公共事业特许权、配额、经营权（包括特许经营权、连锁经营权、其他经营权）、经营权、分销权、代理权、会员权、席位权、网络游戏虚拟道具、域名、名称权、肖像权、冠名权、转会费等。

4.销售不动产

销售不动产，是指转让不动产所有权的业务活动。不动产，是指不能移动或者移动后会引起性质、形状改变的财产，包括建筑物、构筑物等。

建筑物，包括住宅、商业营业用房、办公楼等可供居住、工作或者进行其他活动的建筑物。构筑物，包括道路、桥梁、隧道、水坝等建造物。

转让建筑物所有权或者永久使用权的，转让在建的建筑物或者构筑物所有权的以及在转让建筑物或者构筑物时一并转让其所占土地的使用权的，按照销售不动产缴纳增值税。

5.提供加工、修理修配劳务

加工是指受托加工货物，即委托方提供原料及主要材料，受托方按照委托方的要求制造货物并收取加工费的业务；修理修配是指受托对损伤和丧失功能的货物进行修复，使其恢复原状和功能的业务。

6.属于增值税征收范围的特殊项目

（1）货物期货，应当征收增值税，在期货的实物交割环节纳税。交割时由期货交易所开具发票的，以期货交易所为纳税人。交割时由供货的会员单位直接将发票开给购货会员单位的，以供货会员单位为纳税人。

（2）银行销售金银的业务征收增值税。

（3）典当业的死当物品销售业务征收增值税；寄售业代委托人销售的寄售物品的业务征收增值税。

（4）集邮商品（如邮票、首日封、邮折等）的生产、调拨以及销售集邮商品征收增值税。

三、增值税纳税义务人和扣缴义务人

1.纳税义务人

增值税的纳税人为在我国境内销售货物、服务、无形资产或者不动产，提供加工与修理修配劳务和进口货物的单位和个人。

单位，是指企业、行政单位、事业单位、军事单位、社会团体及其他单位。

个人，是指个体工商户和其他个人。

单位以承包、承租、挂靠方式经营的，承包人、承租人、挂靠人（统称承包人）以发包人、出租人、被挂靠人（统称发包人）名义对外经营并由发包人承担相关法律责任的，以发包人为纳税人。否则，以承包人为纳税人。

两个或两个以上的纳税人，经财政部和国家税务总局批准可以视为一个纳税人合并纳税。

2.扣缴义务人

我国境外的单位或个人在境内发生应税行为，在境内未设有经营机构的，以购买方为增值税扣缴义务人。财政部和国家税务总局另有规定的除外。

四、一般纳税人和小规模纳税人的认定及管理

1.增值税小规模纳税人的认定标准

增值税的纳税人根据其生产经营规模大小和会计核算健全与否两项标准，可分为增值税一般纳税人和小规模纳税人。

小规模纳税人是指年销售额在规定标准以下且会计核算不健全，不能按规定报送有关税务资料的增值税纳税人。会计核算不健全是指不能正确核算增值税销项税额、进项税额和应纳税额。

《财政部 税务总局关于统一增值税小规模纳税人标准的通知》（财税〔2018〕33号）规定，自2018年5月1日起，增值税小规模纳税人标准为年应征增值税销售额500万元及以下，不再区别行业划分设置不同的标准。

年应税销售额是指纳税人在连续不超过12个月或4个季度的经营期内累计应征增值税的销售额，包括纳税申报销售额（纳税人自行申报的全部应征增值税销售额，其中包括税务机关代开发票销售额和免税销售额）、稽查查补销售额和纳税评估调整销售额（计入查补税款申报当月或当季的销售额，不计入税款所属期销售额）。销售服务、无形资产或者不动产扣除项目的纳税人，其应税行为年应税销售额按未扣除之前的销售额计算。增值税小规模纳税人偶然发生的销售不动产的销售额，不计入应税行为年应税销售额。

结合现有政策的规定，凡符合下列条件的视为小规模纳税人：

（1）销售服务，提供应税劳务，销售应税服务，转让无形资产、销售不动产，以及从事进口业务的纳税人，年应税销售额在500万元及以下的。

（2）个人无论年应税销售额是否达标，一律按小规模纳税人纳税；非企业性单位、不经常发生应税行为的企业可选择按小规模纳税人纳税。

小规模纳税人在现有增值税的纳税人里占的比重非常大，在80%以上。对小规模纳税人的减税，主要是针对个体工商户和小微企业。

小规模纳税人实行简易方法征收增值税，一般不得使用增值税专用发票（根据《国家税务总局关于增值税发票管理等有关事项的公告》（国家税务总局公告2019年第33号）第五条和第六条规定，自2020年2月1日起增值税小规模纳税人（其他个人除外）发生增值税应税行为，需要开具增值税专用发票的，可以自愿使用增值税发票管理系统自行开具）。

年应税销售额未超过规定标准的纳税人，会计核算健全，能够提供准确税务资料的，可以向主管税务机关办理一般纳税人资格登记，成为一般纳税人。会计核算健全是指能够按照国家统一的会计制度规定设置账簿，根据合法、有效凭证核算，能够提供准确的税务资料。

2.一般纳税人的认定及管理

一般纳税人是指每年应征增值税销售额超过增值税暂行条例实施细则规定的小规模纳税人标准的企业和企业性单位。

一般纳税人认定范围如下：

（1）年应税销售额超过小规模纳税人标准的，应当向主管税务机关登记为一般纳税人。

（2）年应税销售额超过小规模纳税人标准的，以及新开业的纳税人，可以向主管税务机关申请为一般纳税人资格认定。

对提出申请并符合下列条件的纳税人，主管税务机关应当为其办理一般纳税人资格认定：

①有固定的生产经营场所；

②能够按照国家统一的会计制度规定设置账簿，根据合法、有效凭证核算，能够提供准确的税务资料。

（3）下列纳税人不得办理一般纳税人资格认定：

①个体工商户以外的其他个人；

②选择按照小规模纳税人纳税的非企业性单位；

③选择按照小规模纳税人纳税的不经常发生应税行为的企业。

除国家税务总局另有规定外，纳税人一经认定为一般纳税人后，不得转为小规模纳税人。

经税务机关审核认定的一般纳税人，可按照增值税暂行条例的规定计算应纳税额，并使用增值税专用发票，并实行税款抵扣制度。

3.小规模纳税人与一般纳税人的身份转换

一般情况下，年应税销售额未超过规定标准的纳税人，会计核算健全，能够提供准确的税务资料，可以向主管税务机关申请办理一般纳税人资格登记，成为一般纳税人；而一般纳税人不可以转登记为小规模纳税人。

根据《财政部　税务总局关于统一增值税小规模纳税人标准的通知》（财税〔2018〕33号）的规定，将小规模纳税人的标准统一提高到500万元，同时在满足一定条件的情况下，一般纳税人可以转登记为小规模纳税人。也就是说，转登记日前连续12个月（以1个月为1个纳税期）或者连续4个季度（以1个季度为1个纳税期）累计应税销售额未超过500万元的一般纳税人，在2019年12月31日前，可选择转登记为小规模纳税人。

五、辅导期一般纳税人管理

辅导期一般纳税人就是实行纳税辅导期管理的增值税一般纳税人，通俗地说就是虽然符合一般纳税人认定条件，但是条件不完全成熟，需要经过主管税务机关进行一段时间的辅导。辅导期结束后，经税务机关审批条件符合才可以转为一般纳税人。

在辅导期内，主管税务机关应积极做好增值税税收政策和征管制度的宣传辅导工作。一般来说，下列纳税人需要经过辅导期才可以转为正式一般纳税人：

1.新认定为一般纳税人的小型商贸批发企业

具体是指注册资金在80万元（含80万元）以下，职工人数在10人（含10人）以下的批发企业。只从事出口贸易，不需要使用增值税专用发票的企业除外。

2.国家税务总局规定的其他一般纳税人

此类纳税人具体是指具有下列情形之一的一般纳税人：增值税偷税数额占应纳

税额10%以上，并且偷税数额在10万元以上的；骗取出口退税的；虚开增值税扣税凭证的；国家税务总局规定的其他情形。

新认定为一般纳税人的小型商贸批发企业，辅导期限为3个月，其他一般纳税人的辅导期限为6个月。

根据规定，辅导期一般纳税人取得的专用发票抵扣联、海关进口增值税专用缴款书应当在交叉稽核比对无误后，方可抵扣进项税额，实行“当月认证，下月抵扣”政策；而其他一般纳税人实行的是“当月认证，当月抵扣”政策。当月认证相符但留待下月抵扣的增值税称为“待抵扣进项税额”。

任务二　了解税率与征收率的确定

我国增值税税率的设计遵循了中性和简便的原则，增值税法规定从2019年4月1日起，我国进一步深化增值税改革，将16%、10%、6%三档税率降至13%、9%、6%三档，现行增值税适用税率有13%、9%、6%和零税率四档。

一、增值税税率

1.税率为13%

（1）纳税人销售货物或者进口货物，除另有规定外；

（2）提供加工、修理修配劳务；

（3）提供有形动产租赁服务。

2.税率为9%

（1）粮食等农产品、食用植物油、食用盐；

（2）自来水、暖气、冷气、热水、煤气、石油液化气、天然气、二甲醚、沼气、居民用煤炭制品；

（3）图书、报纸、杂志、音像制品、电子出版物；

（4）饲料、化肥、农药、农机、农膜；

（5）提供交通运输服务；

（6）提供邮政服务；

（7）提供基础电信服务；

（8）提供建筑服务；

（9）提供不动产租赁服务；

（10）销售不动产；

（11）销售、出租土地使用权。

3.税率为6%

（1）提供增值电信服务；

（2）提供现代服务（租赁服务除外）；

（3）提供生活服务；

（4）提供金融服务；

（5）销售无形资产（土地使用权除外）。

4.零税率

（1）纳税人出口货物，税率为零；但是，国务院另有规定的除外。

（2）境内单位和个人跨境销售国务院规定范围内的服务、无形资产，适用零税率。

增值税税率税目见表2-2。

表2-2 **增值税税率税目表**

序号	税目	税率
1	销售或者进口货物（除9–12项外）	13%
2	加工、修理修配劳务	13%
3	有形动产租赁服务	13%
4	不动产租赁服务	9%
5	销售不动产	9%
6	建筑服务	9%
7	运输服务	9%
8	转让土地使用权	9%
9	饲料、化肥、农药、农机、农膜	9%
10	粮食等农产品、食用植物油、食用盐	9%
11	自来水、暖气、冷气、热水、煤气、石油液化气、天然气、二甲醚、沼气、居民用煤炭制品	9%
12	图书、报纸、杂志、音像制品、电子出版物	9%
13	邮政服务	9%
14	基础电信服务	9%
15	增值电信服务	6%
16	金融服务	6%
17	现代服务	6%
18	生活服务	6%
19	销售无形资产（除土地使用权外）	6%
20	出口货物	0
21	跨境销售国务院规定范围内的服务、无形资产	0

二、增值税征收率

增值税可以选择简易计税方法计税，适用的增值税征收率为3%和5%两档，一般是3%，除了财政部和国家税务总局另有规。

1.5%：主要有销售不动产，不动产租赁，转让土地使用权，提供劳务派遣服务、安全保护服务选择差额纳税的。货物销售里没有5%征收率的。

2.征收率绝大多数是3%，容易与5%记混的单独记忆一下：建筑服务，有形动产租赁，小规模纳税人提供劳务派遣服务、安全保护服务未选择差额纳税的。

3.两个减按：个人出租住房，按照5%的征收率减按1.5%计算应纳税额。销售自己使用过的固定资产、旧货，按照3%征收率减按2%征收。

4.小规模纳税人以及选择简易计税的一般纳税人计算税款时使用征收率（见表2-3）。

表2-3 增值税征收率

序号	税目	征收率
1	销售货物	3%
2	加工、修理修配劳务	3%
3	销售服务（除另有规定外）	3%
4	销售无形资产	3%
5	销售不动产	5%

5.一般纳税人可选择5%征收率的有：

（1）出租、销售2016年4月30日前取得的不动产。

（2）提供劳务派遣服务、安全保护服务（含提供武装守护押运服务）选择差额纳税的。

（3）收取试点前开工的一级公路、二级公路、桥、闸通行费。

（4）提供人力资源外包服务。

（5）转让2016年4月30日前取得的土地使用权，以取得的全部价款和价外费用减去取得该土地使用权的原价后的余额为销售额。

（6）2016年4月30日前签订的不动产融资租赁合同。

（7）以2016年4月30日前取得的不动产提供的融资租赁服务。

（8）房地产开发企业出租、销售自行开发的房地产老项目。

6.一般纳税人可选择3%征收率的有：

（1）销售自产的用微生物、微生物代谢产物、动物毒素、人或动物的血液或组织制成的生物制品。

（2）寄售商店代销寄售物品（包括居民个人寄售的物品在内）。

（3）典当业销售死当物品。

（4）销售自产的县级及县级以下小型水力发电单位生产的电力。

（5）销售自产的自来水。

（6）销售自产的建筑用和生产建筑材料所用的砂、土、石料。

（7）销售自产的以自己采掘的砂、土、石料或其他矿物连续生产的砖、瓦、石灰（不含黏土实心砖、瓦）。

（8）销售自产的商品混凝土（仅限于以水泥为原料生产的水泥混凝土）。

（9）单采血浆站销售非临床用人体血液。

（10）药品经营企业销售生物制品，兽用药品经营企业销售兽用生物制品。

（11）提供物业管理服务的纳税人，向服务接受方收取的自来水水费，以扣除其对外支付的自来水水费后的余额为销售额，按照简易计税方法依3%的征收率计算缴纳增值税。

以上（1）-（11）项为销售货物，以下为销售服务。

（12）经认定的动漫企业为开发动漫产品提供的服务，以及在境内转让动漫版权。

（13）提供城市电影放映服务。

（14）公路经营企业收取试点前开工的高速公路的车辆通行费。

（15）提供非学历教育服务。

（16）提供教育辅助服务。

（17）公共交通运输服务。包括轮客渡、公交客运、地铁、城市轻轨、出租车、长途客运、班车。

（18）电影放映服务、仓储服务、装卸搬运服务、收派服务和文化体育服务（含纳税人在游览场所经营索道、摆渡车、电瓶车、游船等取得的收入）。

（19）以纳入“营改增”试点之日前取得的有形动产为标的物提供的经营租赁服务。

（20）纳入“营改增”试点之日前签订的尚未执行完毕的有形动产租赁合同。

（21）以清包工方式提供、为甲供工程提供的、为建筑工程老项目提供的建筑服务。

（22）建筑工程总承包单位为房屋建筑的地基与基础、主体结构提供工程服务，建设单位自行采购全部或部分钢材、混凝土、砌体材料、预制构件的，适用简易计税方法计税。

（23）一般纳税人销售电梯的同时提供安装服务，其安装服务可以按照甲供工程选择适用简易计税方法计税。

（24）中国农业发展银行总行及其各分支机构提供涉农贷款取得的利息收入。

（25）农村信用社、村镇银行、农村资金互助社、由银行业机构全资发起设立的贷款公司、法人机构在县（县级市、区、旗）及县以下地区的农村合作银行和农村商业银行提供金融服务收入。

（26）对中国农业银行纳入“三农金融事业部”改革试点的各省、自治区、直辖市、计划单列市分行下辖的县域支行和新疆生产建设兵团分行下辖的县域支行（也称县事业部），提供农户贷款、农村企业和农村各类组织贷款取得的利息收入。

（27）资管产品管理人运营资管产品过程中发生的增值税应税行为，暂适用简易计税方法，按照3%的征收率缴纳增值税。

（28）非企业性单位中的一般纳税人提供的研发和技术服务、信息技术服务、鉴证咨询服务，以及销售技术、著作权等无形资产。

（29）非企业性单位中的一般纳税人提供技术转让、技术开发和与之相关的技术咨询、技术服务。

7.按照3%征收率减按2%征收：

（1）2008年12月31日以前未纳入扩大增值税抵扣范围试点的纳税人，销售自己使用过的2008年12月31日以前购进或者自制的固定资产。

（2）2008年12月31日以前已纳入扩大增值税抵扣范围试点的纳税人，销售自己使用过的在本地区扩大增值税抵扣范围试点以前购进或者自制的固定资产。

（3）销售自己使用过的属于增值税暂行条例第十条规定不得抵扣且未抵扣进项税额的固定资产。

（4）纳税人购进或者自制固定资产时为小规模纳税人，认定为一般纳税人后销售该固定资产。

（5）一般纳税人销售自己使用过的、纳入“营改增”试点之日前取得的固定资产。

以上销售自己使用过的固定资产，适用简易办法依照3%征收率减按2%征收增值税政策的，可以放弃减税，按照简易计税办法依照3%征收率缴纳增值税，并可以开具增值税专用发票。

（6）纳税人销售旧货。

8.按照5%征收率减按1.5%征收：

个体工商户和其他个人出租住房减按1.5%计算应纳税额。

三、预征率

预征率有3档：2%、3%和5%。简易计税的预征率基本上与征收率一致。销售不动产和销售自行开发房地产的预征率简易计税与一般计税相同。

注意：换算成不含税价时，分母为税率或征收率，而不是预征率。如纳税人出租不动产适用一般计税方法计税。

应预缴税款＝含税销售额÷（1+9%）×预征率3%

增值税预征率见表2-4。

表2-4 增值税预征率

序号	税目	预征率	
		一般计税	简易计税
1	销售建筑服务	2%	3%
2	销售自行开发房地产	3%	3%
3	不动产经营租赁（其中个体工商户和其他个人出租住房按照5%征收率减按1.5%计算）	3%	5%
4	销售不动产	5%	5%

四、增值税适用扣除率

1.纳税人购进农产品，适用9%扣除率。

2.纳税人购进用于生产或者委托加工13%税率货物的农产品，按照10%的扣除率计算进项税额。

五、混合销售和兼营行为的税率、征收率选择

1.混合销售

一项销售行为如果既涉及货物又涉及服务，为混合销售。从事货物的生产、批发或者零售的单位和个体工商户的混合销售行为，按照销售货物缴纳增值税；其他单位和个体工商户的混合销售行为，按照销售服务缴纳增值税。

上述从事货物的生产、批发或者零售的单位和个体工商户，包括以从事货物的生产、批发或者零售为主，并兼营销售服务的单位和个体工商户在内。

纳税人销售活动板房、机器设备、钢结构件等自产货物的同时提供建筑、安装服务，不属于混合销售，应分别核算货物和建筑服务的销售额，分别适用不同的税率或者征收率。

2.兼营行为

纳税人销售货物、加工修理修配劳务、服务、无形资产或者不动产适用不同税率或者征收率的，应当分别核算适用不同税率或者征收率的销售额，分别适用税率或者征收率。未分别核算销售额的，按照以下方法适用税率或者征收率：

（1）兼有不同税率的销售货物、加工修理修配劳务、服务、无形资产或者不动产，从高适用税率；

（2）兼有不同征收率的销售货物、加工修理修配劳务、服务、无形资产或者不动产，从高适用征收率；

（3）兼有不同税率和征收率的销售货物、加工修理修配劳务、服务、无形资产

或者不动产，从高适用税率。

餐饮企业销售的外卖食品，与堂食适用同样的增值税政策，统一按照提供餐饮服务缴纳增值税。以上“外卖食品”仅指该餐饮企业参与了生产、加工过程的食品。对于餐饮企业将外购的酒水、农产品等货物，未进行后续加工而直接与外卖食品一同销售的，应根据该货物的适用税率，按照兼营的有关规定计算缴纳增值税。

任务三 掌握一般纳税人应纳税额的计算

增值税一般纳税人销售货物、无形资产或不动产，适用一般计税方法计税。如一般纳税人发生财政部和国家税务总局规定的特定应税行为，可以选择适用简易计税方法计税，但一经选择，36个月内不得变更。

一般计税方法的应纳税额，是指当期销项税额抵扣当期进项税额后的余额。应纳税额的计算公式：

应纳税额=当期销项税额-当期进项税额

当期销项税额小于当期进项税额不足抵扣时，其不足部分可以结转下期继续抵扣。

一、销项税额的计算

销项税额是指纳税人销售货物、提供应税劳务及应税行为，按照应税销售额和规定的税率计算并向购买方收取的增值税税额。其含义是：

（1）销项税额是计算出来的，销售方在没有依法抵扣其进项税额前，销项税额不是其应纳税额，而是销售货物或提供应税劳务及应税行为的整体税负。

（2）销售额是不含税的销售额，从购买方收取，体现了价外税的性质。

销项税额的计算公式为：

销项税额=应税销售额×适用税率

或　　　　=组成计税价格×适用税率

销项税额是由购买方支付的税额，对于一般纳税人的销售方来讲，在没有抵扣其进项税额前，销售方收取的销项税额还不是其应纳增值税税额。

1.一般销售方式下的销售额

销售额是指纳税人销售货物、提供应税劳务及应税行为向购买方（承受应税劳务也视为购买方）收取的全部价款和价外费用，但是不包括收取的销项税额。税法规定各种性质的价外收费都要并入销售额计算征税，目的是防止各种名目的收费减少销售额逃避纳税的现象。

价外费用是指价外向购买方收取的各种性质的费用。其主要包括手续费、补贴、基金、集资费、返还利润、奖励费、违约金（延期付款利息）、包装费、包装物租金、储备费、优质费、运输装卸费、代收款项、代垫款项及其他各种性质的价外收费。

但不包括下列项目：

（1）向购买方收取的销项税额。

（2）受托加工应征消费税的消费品所代收代缴的消费税。

（3）同时符合以下条件的代垫运费：承运者的运费发票开具给购货方的；纳税人将该项发票转交给购货方的。

（4）销售货物的同时代办保险等向购买方收取的保险费，以及向购买方收取的代购买方缴纳的车辆购置税和车辆牌照费。

（5）同时符合以下条件代为收取的政府性基金、行政事业性收费：由国务院或财政部批准设立的政府性基金，由国务院或省级人民政府及其财政、价格主管部门批准设立的行政事业性收费；收取时开具省级以上财政部门印制的财政票据；所收款项全部上缴财政。

（6）以委托方名义开具发票代委托方收取的款项。

凡随同销售货物、提供应税劳务及应税行为向购买方收取的价外费用，无论其会计制度如何核算，均应并入销售额计算应纳税额。

对增值税一般纳税人（包括纳税人自己或代其他部门）向购买方收取的价外费用和逾期包装物押金，视为含税收入，在征税时换算成不含税收入再并入销售额。

销项税额的计算取决于销售额和适用税率，需要强调的是，我国增值税是价外税，计算公式中的“销售额”是不包括销项税额的销售额，即不含增值税的销售额。在计算应纳税额时，如果不把含税销售额换算成不含税销售额，就不符合我国增值税的设计原则，导致增值税销项税额的重复纳税，从而导致接受服务企业成本的非正常上涨。因此，纳税人如果采用销售额和销项税额合并定价方法的，按照下列公式计算销售额将含税销售额换算成不含税销售额：

销售额=含税销售额÷（1+适用税率）

【例2-1】某食品厂为增值税一般纳税人，2019年11月销售饼干113万元（含税）。则本月销项税额为：

销项税额=113÷（1+13%）×13%=13（万元）

2.特殊销售方式下的销售额

在销售活动中，为了达到促销的目的，有多种销售方式。不同销售方式下，销售者取得的销售额会有所不同。

（1）采取折扣方式销售。折扣销售是指销货方在销售货物或应税劳务时，因购货方购货数量较大等原因而给予购货方的价格优惠（如购买2件，销售价格折扣10%；购买5件，折扣20%）。由于折扣是在实现销售的同时发生的，因此，税法规定，如果销售额和折扣额在同一张发票上分别注明，以折扣后的余额作为销售额计算增值税；如果将折扣额另开发票，不论其在财务上如何处理，均不得从销售额中减除折扣额。在这里需要注意几点：一是折扣销售不同于销售折扣。销售折扣是销货方在销售货物或应税劳务后，为了鼓励购货方及早偿还货款而协议给予购货方的一种折扣优待（如15天内付款，货款折扣3%；20天内付款，折扣2%；30天内全价付款）。销售折扣发生在销货之后，是一种带融资性质的行为。二是销售折扣又不同于销售折让。销售折让是指货物销售后，由于其品种、质量等原因购货方未予退货，但销货方需给予购货方的一种价格折让。销售折让是由于货物的品种和质量引起的销售额的减少，以折让后的货款为销售额。三是折扣销售仅限于货物价格的折扣，如果销货者将自产、委托加工和购买的货物用于实物折扣，该实物应按“视同销售货物”计算征收增值税。

【例2-2】纳税人销售货物价款1 000万元，因购买量大，给予10%的折扣，实收900万元，价款和折扣额分别开具发票，则其销项税额为：

销项税额=1 000×13%=130（万元）

（2）采取以旧换新方式销售。以旧换新是指纳税人在销售货物时，有偿收回旧货物的行为。采取以旧换新方式销售货物的，应按新货物的同期销售价格确定销售额，不得扣减旧货物的收购价格。因为销售货物与收购货物是两个不同的业务活动，销售额与收购额不能相互抵减，防止出现销售额不实、减少纳税的现象。考虑到金银首饰以旧换新业务的特殊情况，对金银首饰以旧换新业务，按销售实际收取的不含增值税的全部价款征收增值税。

【例2-3】某商场为一般纳税人，采取以旧换新方式销售电视机，每台零售价为3 600元，本月销售了电视机300台，共收回旧电视机300台，每台旧电视机折价300元，则该商场销售电视机业务的增值税销项税额为：

销项税额=3 600÷（1+13%）×300×13%=124 247.79（元）

（3）采取还本销售方式销售。还本销售是批量纳税人在销售货物后，到一定期限由销售方一次或分次退还给购货方全部或部分价款。这种方式实际上是一种筹资，是以货物换取资金的使用价值，到期还本不付息的方法。税法规定，采取还本销售方式销售货物，其销售额就是货物的销售价格，不得从销售额中减除还本支出。

【例2-4】某机械厂为一般纳税人，本月采取还本销售方式销售一批农业机器，开具普通发票40张，共收取货款42万元。扣除还本准备金后按规定将36万元作为销售处理，则应纳增值税销项税额为：

销项税额=42÷（1+13%）×13%=4.831858（万元）

（4）采取以物易物方式销售。以物易物是指购销双方不是以货币结算，而是以同等价款的货物相互结算，实现货物购销的一种方式。在实务中，以物易物双方都应作购销处理，以各自发出的货物核算销售额并计算销项税额，以各自收到的货物核算购货额并计算进项税额。在以物易物活动中，应分别开具合法的票据，如收到的货物不能取得相应的增值税专用发票或其他合法票据，不能抵扣进项税额。

【例2-5】红星机械厂7月份以其生产的A产品与长城机械厂生产的B产品对换，双方交易的价值均为50万元（含税价），A产品的成本为31万元，B产品的成本为26万元，适用的增值税税率均为13%，双方均向对方开出了增值税专用发票，当月均未验收入库但通过了税务机关的认证，则红星机械厂当期确认的增值税销项税额与进项税额为：

红星机械厂当期确认的增值税销项税额=50÷（1+13%）×13%=5.752212（万元）

红星机械厂当期确认的增值税进项税额=50÷（1+13%）×13%=5.752212（万元）

（5）包装物押金是否计入销售额。包装物是指纳税人包装本单位货物的各种物品。根据税法的规定，纳税人为销售货物而出租出借包装物收取的押金，单独记账核算的，时间在1年以内，又未过期的，不并入销售额征税；对因逾期未收回包装物不再退还的押金，应按所包装货物的适用税率计算销项税额。这里的“逾期”是指按合同约定实际逾期或以1年为期限，对收取1年以上的押金，无论是否退还均并入销售额征税。将包装物押金并入销售额征税时，需要先将该押金换算为不含税价，才能并入销售额征税。对于个别包装物周转使用期限较长的，报经税务机关确认后，可适当放宽其使用期限。对销售除啤酒、黄酒外的其他酒类产品而收取的包装物押金，无论是否返还以及会计上如何核算，均应并入当期销售额征税。对销售啤酒、黄酒所收取的押金，按上述一般押金的规定处理。另外，包装物押金不应混同于包装物租金，包装物租金在销货时作为价外费用并入销售额计算销项税额。

【例2-6】某企业2018年11月12日收取出租包装物押金11 300元，收到转账支票一张，2019年11月23日，经清理，将逾期未退还的包装物押金11 300元予以没收，其包装物为应税消费品，适用增值税税率为13%，则销项税额应为多少？

答：2018年11月12日收取包装物押金时不纳税。

2019年11月23日逾期，应纳税额为：

销项税额=11 300÷（1+13%）×13%=1 300（元）

（6）销售使用过的固定资产。一般纳税人销售自己使用过的本地区“营改增”试点实施之日（含）以后购进或自制的固定资产，按照适用税率征收增值税；销售自己使用过的本地区“营改增”试点实施之前购进或者自制的固定资产，按照3%的征收率减按2%征收增值税。

使用过的固定资产，是指使用期限超过12个月的机器、机械、运输工具以及其他与生产经营有关的设备、工具、器具等有形动产，并根据财务会计制度已经计提折旧的固定资产。

销项税额的计算公式为：

销项税额=不含税销售额×适用税率

需要注意的是，一般纳税人如果发生简易计税项目，简易计税项目的应纳税额要单独计算，不参与一般纳税人“销项税额-进项税额”的计算中。

（7）视同销售行为。视同销售行为，即货物在本环节没有直接发生有偿转移，但也要按照正常销售征税的行为。

a.单位或个体工商户的下列行为，视同销售货物：

①将货物交付其他单位和个人代销。

②销售代销货物。

③设有两个以上机构（不在同一县市）并实行统一核算的纳税人，机构之间移送货物用于销售。

④将自产或委托加工的货物用于非增值税应税项目。

⑤将自产、委托加工或购买的货物作为投资，提供给其他单位或个体工商户。

⑥将自产、委托加工或购买的货物分配给股东或投资者。

⑦将自产、委托加工或购买的货物无偿赠送其他单位或个人。

⑧将自产、委托加工货物用于集体福利或个人消费。

⑨单位或个体工商户向其他单位或个人无偿提供服务，但用于公益事业或者以社会公众为对象的除外。

⑩单位或个体工商户向其他单位或个人无偿转让无形资产或不动产，但用于公益事业或者以社会公众为对象的除外。

⑪财政部和国家税务总局规定的其他情形。

纳税人发生上述销售行为而无销售额的，税务机关有权按下列顺序确定其销售额：

①按纳税人最近时期同类货物的平均销售价格确定。

②按纳税人近期同类货物的平均销售价格确定。

③按组成计税价格确定。组成计税价格的公式为：

组成计税价格=成本×（1+成本利润率）

征收增值税的货物，同时又征收消费税的，其组成计税价格中应加计消费税税额。其组成计税价格公式为：

组成计税价格=成本×（1+成本利润率）+消费税税额

或者：

组成计税价格=成本×（1+成本利润率）÷（1−消费税税率）

公式中的“成本”按以下方式确定，销售自产货物的为实际生产成本，销售外购货物的为实际采购成本。公式中的“成本利润率”按国家税务总局颁发的《增值税若干具体问题的规定》确定为10%；属于应从价定率征收消费税的货物，其组成计税价格公式中的“成本利润率”为《消费税若干具体问题的规定》中的成本利润率。

b.下列情形，视同销售服务、无形资产或者不动产：

①单位或个体工商户向其他单位或个人无偿提供服务，但用于公益事业或者以

社会公众为对象的除外。

②单位或个人向其他单位或个人无偿转让无形资产或者不动产，但用于公益事业或者以社会公众为对象的除外。

③财政部和国家税务总局规定的其他情形。

单位或个人将无形资产和不动产（产权）用于对外投资或者分配给股东，文件未规定属于“视同销售无形资产和不动产”。但是，因其属于有偿转让行为，故属于增值税应税行为，应当缴纳增值税。

c.缴纳企业所得税的视同销售行为。《中华人民共和国企业所得税法实施条例》第二十五条规定：企业发生非货币性资产交换，以及将货物、财产、劳务用于捐赠、偿债、赞助、集资、广告、样品、职工福利或者利润分配等用途的，应当视同销售货物、转让财产或者提供劳务，但国务院财政、税务主管部门另有规定的除外。

企业发生下列情形的处置资产，除将资产转移至境外以外，由于资产所有权属在形式上和实质上均不发生改变，可以作为内部处置资产，不视同销售确认收入，相关资产的计税基础延续计算：

①将资产用于生产、制造、加工另一产品；

②改变资产形状、结构或性能；

③改变资产用途（如自建商品房转为自用或经营）；

④将资产在总机构及其分支机构之间转移；

⑤上述两种或两种情形的混合；

⑥其他不改变资产所有权属的用途。

企业将资产移送他人的下列情形，因资产所有权属已经发生改变而不属于内部处置资产，应按规定视同销售确定收入：

①用于市场推广或销售；

②用于交际应酬；

③用于职工奖励或福利；

④用于股息分配；

⑤用于对外捐赠；

⑥其他改变资产所有权属的用途。

发生上述视同销售行为的，除另有规定外，按照被移送资产的公允价值确定销售收入。

（8）纳税人发生应税行为价格明显偏低或偏高且不具有合理商业目的的，或者发生财税〔2016〕36号附件1第十四条所列行为而无销售额的，主管税务机关有权按下列顺序确定其销售额：

①按照纳税人最近时期销售同类服务、无形资产或者不动产的平均价格确定。

②按照其他纳税人最近时期销售同类服务、无形资产或者不动产的平均价格

确定。

③按组成计税价格确定。组成计税价格的公式为：

组成计税价格=成本×（1+成本利润率）

公式中的“成本利润率”由国家税务总局决定。

不具有合理商业目的的，是指以谋取税收利益为主要目的，通过人为安排，减少、免除、推迟缴纳增值税税款，或者增加退还增值税税款。

（9）兼营行为。纳税人兼营销售货物、无形资产或者不动产和提供应税劳务、发生应税行为，适用不同税率或征收率的，应当分别核算适用不同税率或者征收率的销售额，未分别核算的，从高适用税率：

①兼有不同税率的销售货物、加工修理修配劳务、服务、无形资产或者不动产，从高适用税率。

②兼有不同征收率的销售货物、加工修理修配劳务、服务、无形资产或者不动产，从高适用征收率。

③兼有不同税率和征收率的销售货物、加工修理修配劳务、服务、无形资产或者不动产，从高适用税率。

④兼营免税、减税项目的，应当分别核算免税、减税项目的销售额，未分别核算的，不得免税、减税。

（10）混合销售行为。一项销售行为如果既涉及服务又涉及货物，为混合销售。从事货物的生产、批发或者零售的单位和个体工商户的混合销售行为，按照销售货物缴纳增值税；其他单位和个体工商户的混合销售行为，按照销售服务缴纳增值税。

从事货物的生产、批发或者零售的单位和个体工商户，包括从事货物的生产、批发或者零售为主，并兼营销售服务的单位和个体工商户在内。

（11）贷款服务，以提供贷款服务取得的全部利息及利息性质的收入为销售额。

（12）直接收费金融服务，以其提供直接收费金融服务收取的手续费、佣金、酬金、管理费、服务费、经手费、开户费、过户费、结算费和转托管费等各类费用为销售额。

（13）金融商品转让，按照卖出价扣除买入价后的余额为销售额。其中转让金融商品出现的正负差按盈亏相抵后的余额为销售额；若相抵后出现负差的，可结转下一纳税期与下期转让金融商品销售额相抵，但年末时仍出现负差的，不得转入下一会计年度。

金融商品的买入价，可以选择按照加权平均法或者移动加权平均法进行核算，选择后36个月内不得变更。金融商品转让，不得开具增值税专用发票。

【例2-7】某银行（一般纳税人）2019年8月购入一只股票，2020年4月转让。购入价200万元，持有期间取得股息8万元，卖出价260万元，支付佣金和手续费4万元，则4月份增值税（销项税额）是多少？

答：销售额=260-（200-8）=68（万元）

销项税额=68÷（1+6%）×6%=3.849057（万元）

（14）经纪代理服务，以取得的全部价款和价外费用，扣除向委托方收取并代为支付的财政性基金或行政事业性收费后的余额为销售额。向委托方收取的政府性基金或事业性收费，不得开具增值税专用发票。

（15）融资租赁和融资性售后回租业务。

第一种：经中国人民银行、银保监会或商务部批准从事融资租赁业务的试点纳税人，提供融资租赁服务，以取得全部价款和价外费用，扣除支付的借款利息（包括外汇借款和人民币借款利息）、发行债券利息和车辆购置税后的余额为销售额。

第二种：经中国人民银行、银保监会或商务部批准从事融资租赁业务的试点纳税人，提供融资性售后回租服务，以取得全部价款和价外费用（不包含本金），扣除对外支付的借款利息（包括外汇借款和人民币借款利息）、发行债券利息后的余额为销售额。

第三种：试点纳税人根据2016年4月30日前签订的有形动产融资性售后回租合同，在合同到期前提供的有形动产融资性售后回租服务，可继续按照有形动产融资租赁服务缴纳增值税。

继续按照有形动产融资租赁服务缴纳增值税试点的纳税人，经中国人民银行、银保监会或商务部批准从事融资租赁服务的，根据2016年4月30日前签订的有形动产融资性售后回租合同，在合同到期前提供的有形动产融资性售后回租服务，可以选择下列方法之一计算销售额：

①以向承租方收取的全部价款和价外费用，扣除向承租方收取的价款本金，以及对外支付的借款利息（包括外汇借款和人民币借款利息）、发行债券利息后的余额为销售额。

纳税人提供有形动产融资性售后回租服务，计算当期外汇销售额时可以扣除的价款本金，为书面合同约定的当期应当收取的本金。无书面合同或书面合同没有约定的，为当期实际收取的本金。

试点纳税人提供有形动产融资性售后回租服务，向承租方收取的有形动产价款本金，不得开具增值税专用发票，可以开具普通发票。

②以向承租方收取的全部价款和价外费用，扣除支付的借款利息（包括外汇借款和人民币借款利息）、发行债券利息后的余额为销售额。

第四种：经商务部授权的省级商务主管部门和国家经济技术开发区批准的从事金融租赁业务的试点纳税人，2016年5月1日后实收资本达到1.7亿元的，从达到标准的当月起按照上述的第一种、第二种、第三种规定执行；2016年5月1日后实收资本未达到1.7亿元，但注册资本达到1.7亿元的，在2016年7月31日前仍按照上述的第一种、第二种、第三种规定执行；2016年8月1日后开展的融资租赁业务和融资性售后回租业务不得按照上述的第一种、第二种、第三种规定执行。

(16) 航空运输企业的销售额，不包括代收的机场建设费和代售其他航空运输企业客票而代收转付的价款。

(17) 试点纳税人中的一般纳税人（以下称一般纳税人）提供客运场站服务，以其取得的全部价款和价外费用，扣除支付给承运方运费后的余额为销售额。

(18) 试点纳税人提供旅游服务，可以选择以取得的全部价款和价外费用扣除向旅客服务购买方收取并支付给其他单位或个人的住宿费、餐饮费、交通费、签证费、门票费和支付给其他接团旅游企业的旅游费用后的余额为销售额。

选择上述办法计算销售额的试点纳税人，向旅游服务购买方收取并支付的上述费用，不得开具增值税专用发票，可以开具普通发票。

【例2-8】甲旅行社2019年10月组织团体旅游，收取旅游费100万元，替游客支付给其他单位住宿费、餐饮费、门票费用共计50万元，支付给国内其他接团旅游企业30万元，收到接团旅游企业增值税普通发票，则销项税额为：

销项税额=（100-50-30）÷（1+6%）×6%=1.13207547（万元）

(19) 试点纳税人提供建筑服务适用简易计税方法的，以取得的全部价款和价外费用扣除支付的分包款后的余额为销售额。

(20) 单位和个体工商户发生下列情形，视同发生应税行为：

①向其他单位或个人无偿提供交通运输服务和部分现代服务，但以公益活动为目的或以社会公众为对象的除外。

②财政部和国家税务总局规定的其他情形。

二、进项税额的计算

纳税人购进货物、加工修理修配劳务、服务、无形资产或者不动产，支付或者负担的增值税额为进项税额。进项税额是与销项税额相对应的一个概念。在开具增值税专用发票的情况下，它们之间的对应关系是，销售方收取的销项税额，就是购买方支付的进项税额。对于任何一个一般纳税人而言，由于其在经营活动中，既会发生销售货物或提供应税劳务，又会发生购进货物或接受应税劳务，因此，每个一般纳税人都会有收取的销项税额和支付的进项税额。增值税的核心就是用纳税人收取的销项税额抵扣其支付的进项税额，其余额为纳税人实际应缴纳的增值税税额。这样，进项税额作为可抵扣的部分，对于纳税人实际纳税多少就产生了举足轻重的作用。但是，并不是纳税人支付的所有进项税额都可以从销项税额中抵扣。当纳税人购进的货物或接受的应税劳务不是用于增值税应税项目，而是用于非应税项目、免税项目或用于集体福利、个人消费等情况时，其支付的进项税额就不能从销项税额中抵扣。因此，严格把握哪些进项税额可以抵扣，哪些进项税额不能抵扣是十分重要的，这些方面也是纳税人在缴纳增值税实务中差错出现最多的地方。

1.准予从销项税额中抵扣的进项税额

根据税法的规定，准予从销项税额中抵扣的进项税额，限于下列增值税扣税凭证上注明的增值税税额和按规定的扣除率计算的进项税额。

（1）从销售方取得的增值税专用发票上注明的增值税税额。

（2）从海关取得的完税凭证上注明的增值税税额。

纳税人进口货物，凡已缴纳了进口环节增值税的，不论其是否已经支付货款，其取得的海关完税凭证均可作为增值税进项税额抵扣凭证。

对纳税人丢失的海关完税凭证，纳税人应当凭海关出具的相关证明，向主管税务机关提出抵扣申请。主管税务机关受理申请后，应当进行审核，并将纳税人提供的海关完税凭证电子数据纳入稽核系统比对，稽核比对无误后，可予以抵扣进项税额。

（3）增值税一般纳税人购买农业生产者销售的产品，或者向小规模纳税人购买的农业产品，准予按照买价和9%的扣除率计算进项税额，从当期销项税额中扣除。其进项税额的计算公式为：

准予抵扣的进项税额=买价×扣除率

对这项规定需要解释的是：

①“农业产品”是指直接从事植物的种植、收割和动物的饲养、捕捞的单位和个人销售的自产农业产品。农业产品所包括的具体品目按照1995年财政部、国家税务总局印发的《农业产品征税范围注释》执行。按照《农产品增值税进项税额核定扣除试点实施办法》抵扣进项税额的除外。

②购买农业产品的买价，仅限于经主管税务机关批准使用的收购凭证上注明的价款；购买农业产品的单位在收购价格之外按规定缴纳并负担的农业特产税，准予并入农业产品的买价，计算进项税额。

③对烟叶税纳税人按规定缴纳的烟叶税（烟叶税税率为20%），准予并入烟叶产品的买价计算增值税的进项税额，并在计算缴纳增值税时予以抵扣。烟叶收购金额包括纳税人支付给烟叶销售者的烟叶收购价款和价外补贴，价外补贴统一暂按烟叶收购价款的10%计算。计算公式如下：

烟叶税=支付的价款总额×烟叶税税率（20%）

支付的价款总额=收购价款×（1+固定价外补贴10%）

收购烟叶准予抵扣的进项税额=（收购烟叶实际支付的价款总额+烟叶税）×9%（或10%）

=［收购价款×（1+实际价外补贴）+烟叶税］×9%（或10%）

【例2-9】某卷烟厂2019年5月收购烟叶生产卷烟，收购凭证上注明价款为200万元，并向烟叶生产者支付了价外补贴，则该卷烟厂8月份收购烟叶可抵扣的进项税额为：

进项税额=200×（1+10%）×（1+20%）×9%=23.76（万元）

（4）增值税一般纳税人外购和销售货物所支付的运输费用，准予抵扣的运费结算单据（普通发票），是指国有铁路、民用航空、公路和水上运输单位开具的货票，以及从事货物运输的非国有运输单位开具的套印全国统一发票监制章的货票。准予计算进项税额扣除的货运发票种类，不包括增值税一般纳税人取得的货运定额发票。纳税人购进、销售货物所支付的运输费用明显偏高、经过审查不合理的，不予抵扣运输费用。按照运输费用结算单据上注明的运输费用金额和9%的扣除率计算的进项税额。进项税额计算公式：

进项税额=运输费用金额×扣除率

（5）从境外单位或个人购进服务、无形资产或不动产，税务机关或扣缴义务人取得的解缴税款的完税凭证上注明的增值税税额。

【例2-10】某电梯企业2019年11月销售收入6 000万元，其中安装、调试收入800万元，购入原材料花费3 000万元，则该电梯企业应纳增值税为：

应纳增值税=6 000×13%−3 000×13%=390（万元）

（6）以物易物等进项税额的处理。对商业企业采取以物易物、以货抵债、以物投资方式交易的，收货单位可以凭以物易物、以货抵债、以物投资书面合同，以及与之相符的增值税专用发票确定进项税额，报经税务机关批准予以抵扣。

2.不得从销项税额中抵扣的进项税额

按税法的规定，下列项目的进项税额不得从销项税额中抵扣：

（1）用于适用简易计税方法计税项目、免征增值税项目、集体福利或个人消费的购进货物、加工修理修配劳务、服务、无形资产和不动产，其中涉及的固定资产、无形资产和不动产，仅指专用于上述项目的固定资产、无形资产（不包括其他权益性无形资产）和不动产。

（2）非正常损失的购进货物，以及相关的加工修理修配劳务和交通运输服务。

（3）非正常损失的在产品、产成品所耗用的购进货物（不包括固定资产）、加工修理修配劳务和交通运输服务。

（4）非正常损失的不动产，以及该不动产所耗用的购进货物、设计服务和建筑服务。

（5）非正常损失的不动产在建工程所耗用的购进货物、设计服务和建筑服务。纳税人新建、改建、扩建、修缮、装饰不动产，均属于不动产在建工程。

（6）纳税人购进的旅客客运服务、贷款服务、餐饮服务、居民日常服务和娱乐服务。

（7）财政部和国家税务总局规定的其他情形。

上述货物，是指构成不动产实体的材料和设备，包括建筑物装饰材料和给排水、采暖、卫生、通风、照明、通信、煤气、消防、中央空调、电梯、电气、智能化楼宇设备及配套设施。

不动产、无形资产的具体范围，按照《销售服务、无形资产、不动产注释》

执行。

固定资产，是指使用期限超过12个月的机器、机械、运输工具及其他与生产经营有关的设备、工具、器具等有形动产。

非正常损失，是指因管理不善造成货物被盗、丢失、霉烂变质，以及因违反法律法规造成货物或者不动产被依法没收、销毁、拆除的情形。

纳税人接受贷款服务向贷款方支付的与该笔贷款直接相关的投融资顾问费、手续费、咨询费等费用，其进项税额不得从销项税额中抵扣。

3.不得抵扣进项税额的确定

（1）适用一般计算方法的纳税人，兼营简易计税方法计税项目、免征增值税项目而无法划分不得抵扣的进项税额，按照下列公式计算不得抵扣的进项税额：

$$\text{不得抵扣的进项税额}=\text{当期无法划分的全部进项税额}\times\left(\text{当期简易计税方法计税项目销售额}+\text{免征增值税项目销售额}\right)\div\text{当期全部销售额}$$

主管税务机关可以按照上述公式依据年度数据对不得抵扣的进项税额进行清算。

（2）已抵扣进项税额的购进货物（不含固定资产）、劳务、服务，发生上述不得抵扣情形（简易计税方法计税项目、免征增值税项目除外）的，应当将该进项税额从当期进项税额中扣减；无法确定进项税额的，按照当期实际成本计算应扣减的进项税额。

（3）已抵扣进项税额的固定资产、无形资产或者不动产，根据《财政部 国家税务总局关于全面推开营业税改征增值税试点的通知》（财税〔2016〕36号）附件《营业税改征增值税试点实施办法》规定情形，按照下列公式计算不得抵扣的进项税额：

不得抵扣的进项税额=固定资产、无形资产或者不动产净值×适用税率

固定资产、无形资产或者不动产净值，是指纳税人根据财务会计制度计提折旧或摊销后的余额。

（4）纳税人适用一般计算方法计税的，因销售折让、中止或者退回而收回的增值税税额，应当从当期进项税额中扣减。

值得注意的是，纳税人有下列情形之一者，应当按照销售额和增值税税率计算应纳税额，不得抵扣进项税额，也不得使用增值税专用发票：

①一般纳税人会计核算不健全，或者不能提供准确税务资料的。

②应当办理一般纳税人资格登记而未办理的。

4.按照规定不得抵扣且未抵扣进项税额的固定资产、无形资产、不动产，发生用途改变

用于允许抵扣进项税额的应税项目，可在用途改变的次月按照下列公式，依据合法有效的增值税扣税凭证，计算可以抵扣的进项税额：

可以抵扣的进项税额=固定资产、无形资产或者不动产净值÷（1+适用税率）×适用税率

三、应纳税额的计算

一般纳税人在计算出销项税额和进项税额后就可以得出实际应纳税额。应纳税额为当期销项税额抵扣当期进项税额后的余额。基本计算公式为：

应纳税额=当期销项税额-当期进项税额

增值税应纳税额计算公式直观地反映了增值税仅对商品流通环节产生的增值额征税的原理，同时，也简洁明了地解释了增值税的主要内容和计税方法。为了使这个公式得以正确运用，需要掌握以下几个重要规定：

1.计算应纳税额的时间限定。

为了保证计算应纳税额的合理性、准确性，纳税人必须严格把握当期进项税额从当期销项税额中抵扣这个要点。“当期”是个重要的时间限定，具体是指税务机关依照税法的规定对纳税人确定的纳税期限，只有在纳税期限内实际发生的销项税额和进项税额，才是法定的当期销项税额和当期进项税额。对某些纳税人利用各种手段推迟销项税额，提前确认或加大进项税额等违法行为，必须予以制止。

（1）增值税纳税义务、扣缴义务发生时间。

①纳税人发生应税行为并收讫销售款项或者取得索取销售款项凭据的当天；先开具发票的，为开具发票的当天。

收讫销售款项，是指纳税人销售服务、无形资产、不动产过程中或完成后收到款项。

取得索取销售款项凭据的当天，是指书面合同确定的付款日期；未签订书面合同或书面合同未确定付款日期的，为服务、无形资产转让完成的当天或者不动产权属变更的当天。

②纳税人提供建筑服务、租赁服务采取预收款方式的，其纳税义务发生时间为收到预收款的当天。

③纳税人从事金融商品转让的，为金融商品所有权转移的当天。

④纳税人发生《营业税改征增值税试点实施办法》第十四条规定情形的，其纳税义务发生时间为服务、无形资产转让完成的当天或者不动产权属变更的当天。

⑤增值税扣缴义务发生时间为纳税人增值税纳税义务发生的当天。

（2）防伪税控专用发票进项税额抵扣的时间限定。

按照规定，增值税一般纳税人取得税控系统开具的增值税专用发票，抵扣的进项税额按以下规定处理：

①增值税一般纳税人申请抵扣的防伪税控系统开具的增值税专用发票，必须自该专用发票开具之日起180日内到税务机关认证。

②增值税一般纳税人申请抵扣的防伪税控系统开具的增值税专用发票，在认证通过的次月申报抵扣。

③海关完税凭证进项税额抵扣的时间限定。

为了进一步加强海关进口增值税专用缴款书（以下简称海关缴款书）的增值税抵扣管理，国家税务总局、海关总署决定将前期在广东等地试行的海关缴款书“先比对后抵扣”管理办法，在全国范围推广实行。具体规定如下：

a.增值税一般纳税人（以下简称纳税人）进口货物取得的属于增值税扣税范围的海关缴款书，需经税务机关稽核对比相符后，其增值税税额方能作为进项税额在销项税额中抵扣。

b.纳税人进口货物取得的属于增值税扣税范围的海关缴款书，自开具之日起360日内向主管税务机关报送“海关完税凭证抵扣清单”（电子数据），申请稽核对比，逾期未申请的进项税额不予抵扣。

c.税务机关通过稽核系统将纳税人申请稽核的海关缴款书数据，按日与增值税入库数据进行稽核比对，每个月为一个稽核期。海关缴款书开具当月申请稽核的，稽核期为申请稽核的当月、次月及第三月。海关缴款书开具次月申请稽核的稽核期为申请稽核的当月及次月。海关缴款书开具次月以后申请稽核的，稽核期为申请稽核的当月。

d.稽核比对的结果分为相符、不符、滞留、缺联、重号五种。相符是指纳税人申请稽核的海关缴款书，其号码与海关已核销的海关缴款书号码一致，并且比对的相关数据也均相同。不符，是指纳税人申请稽核的海关缴款书，其号码与海关已核销的海关缴款书号码一致，但比对的相关数据有一项或多项不同。滞留，是指纳税人申请稽核的海关缴款书，在规定的稽核期内系统中暂无相对应的海关已核销海关缴款书号码，留待下期继续比对。缺联，是指纳税人申请稽核的海关缴款书，在规定的稽核期结束时系统中仍无相对应的海关已核销海关缴款书号码。重号，是指两个或两个以上的纳税人申请稽核同一份海关缴款书，并且比对的相关数据与海关已核销海关缴款书数据相同。

e.税务机关于每月纳税申报期内，向纳税人提供上月稽核比对结果，纳税人应向主管税务机关查询稽核比对结果信息。

稽核比对结果为相符的海关缴款书，纳税人应在税务机关提供稽核比对结果的当月纳税申报期限内申报抵扣，逾期的其进项税额不予抵扣。

f.稽核比对结果异常的处理。

稽核比对结果异常，是指稽核比对结果为不符、滞留、缺联、重号。

对于稽核比对结果为不符、缺联的海关缴款书，纳税人应于产生稽核结果的180日内，持海关缴款书原件向主管税务机关申请数据修改或核对，逾期的其进项税额不予抵扣。属于纳税人数据采集错误的，数据修改后再次进行稽核比对；不属于数据采集错误的，纳税人可向主管税务机关申请数据核对，主管税务机关会同海关进行核查。经核查，海关缴款书票面信息与纳税人实际进口货物业务一致的，纳税人应在收到主管税务机关书面通知的次月申报期内申报抵扣，逾期的其进项税额不予抵扣。

对于稽核比对结果为重号的海关缴款书，由主管税务机关进行核查。经核查，海关缴款书票面信息与纳税人实际进口货物业务一致的，纳税人应在收到主管税务机关书面通知的次月申报期内申报抵扣，逾期的其进项税额不予抵扣。

对于稽核比对结果为滞留的海关缴款书，可继续参与稽核比对，纳税人不需申请数据核对。

（3）未按期申报抵扣增值税扣税凭证抵扣管理办法。

增值税一般纳税人取得的增值税抵扣凭证已认证或已采集上报信息但未按照规定期限申报抵扣；实行纳税辅导期管理的增值税一般纳税人以及实行海关进口增值税专用缴款书“先比对后抵扣”管理办法的增值税一般纳税人，取得的增值税扣税凭证稽核比对结果相符但未按规定期限申报抵扣，属于发生真实交易且符合规定的客观原因的，经主管税务机关审核，允许纳税人继续申报抵扣其进项税额。

所称增值税扣税凭证，包括增值税专用发票、海关进口增值税专用缴款书和税收缴款凭证。增值税一般纳税人除客观原因以外的其他原因造成增值税扣税凭证未按期申报抵扣的，仍按照现行增值税扣税凭证申报抵扣有关规定执行。

客观原因包括如下类型：

①因自然灾害、社会突发事件等不可抗力原因造成增值税扣税凭证未按期申报抵扣；

②有关司法行政机关在办理业务或者检查中，扣押、封存纳税人账簿资料，导致纳税人未能按期办理申报手续；

③税务机关信息系统、网络故障，导致纳税人未能及时取得认证结果通知书或稽核结果通知书，未能及时办理申报抵扣；

④由于企业办税人员伤亡、突发危重疾病或者擅自离职，未能办理交接手续，导致未能按期申报抵扣；

⑤国家税务总局规定的其他情形。

2.计算应纳税额时进项税额不足抵扣的处理

由于增值税实行购进扣税法，有时企业当期购进的货物很多，在计算应纳税额时会出现当期销项税额小于当期进项税额，不足抵扣的情况。根据税法的规定，当期进项税额不足抵扣的部分可以结转下期继续抵扣。但原增值税一般纳税人兼有销售服务、无形资产或者不动产，截至纳税人营改增试点之日前的增值税期末留抵税额，不得从销售服务、无形资产或者不动产的销项税额中抵扣。

3.一般纳税人应纳税额的计算

一般计税方法的应纳税额，是指当期销项税额抵扣当期进项税额后的余额。基本计算公式为：

应纳税额=当期销项税额-当期进项税额

【例2-11】某企业为增值税一般纳税人，2019年8月有关生产经营业务如下：

（1）提供运输服务，取得含税销售额300万元；

（2）购入柴油20万元，开具增值税专用发票，上面注明进项税额2.6万元；

（3）购买运输用的车辆30万元，取得增值税专用发票；

（4）发生联运支出50万元，取得增值税专用发票；

以上相关票据均符合税法的规定，计算该企业8月应缴纳增值税税额。

答：（1）当期销项税额=300÷（1+9%）×9%=24.770 642（万元）

（2）当期进项税额=20×13%+30×13%+50×9%=11（万元）

（3）该企业8月份应缴纳增值税税额=24.770 642−11=13.770 642（万元）

【例2-12】某企业为增值税一般纳税人，2019年8月10日购进办公大楼一座，该大楼用于企业办公，计入固定资产，并于次月开始计提折旧。8月25日，该企业取得该办公大楼的增值税专用发票并认证相符，专用发票注明的增值税税额为760万元，假设该企业8月份的销项税额为960万元。问：该企业8月份应纳增值税是多少？

答：根据《关于深化增值税改革有关政策的公告》（财政部、国家税务总局、海关总署公告2019年第39号）的规定，自2019年4月1日起，纳税人取得不动产或者不动产在建工程的进项税额不再分2年抵扣。此前按照上述规定尚未抵扣完毕的待抵扣进项税额，可自2019年4月税款所属期起从销项税额中抵扣。所以，该企业8月份应纳增值税税额是200万元（960−760）。

任务四　掌握小规模纳税人应纳税额的计算

一、应纳税额的计算公式

小规模纳税人销售货物或者提供加工、修理修配劳务及应税服务，按照销售额和征收率计算应纳税额，不得抵扣进项税额。应纳税额计算公式为：

应纳税额=销售额×征收率

这里需要解释两点：第一，小规模纳税人取得的销售额为向购买方收取的全部价款和价外费用，但是不包括收取的增值税税额；第二，小规模纳税人不得抵扣进项税额，这是因为小规模纳税人会计核算不健全，不能准确核算销项税额和进项税额，不实行按销项税额抵扣进项税额求得应纳税额的税款抵扣制度而实行简易计税办法，不能再抵扣进项税额。

简易计税方法的征收率有两档，除财政部和国家税务总局另有规定外，增值税征收率统一为3%，销售不动产、不动产经营租赁和中外合作开采的原油、天然气适用5%的征收率。

二、含税销售额的换算

由于小规模纳税人在销售货物或者提供加工、修理修配劳务及应税服务时，只能开具普通发票，取得的销售收入均为含税销售额。为了符合增值税作为价外税的要求，小规模纳税人在计算应纳税额时，必须将含税销售额换算为不含税的销售额后才能计算应纳税额。小规模纳税人不含税销售额的换算公式为：

销售额=含税销售额÷（1+征收率）

纳税人适用简易计税方法计税的，因销售折让、中止或退回而退还给购买方的销售额，应当从当期销售额中扣减。扣减当期销售额后仍有余额造成多缴的税款，可以从以后的应纳税额中扣减。

【例2-13】某商店为增值税小规模纳税人，8月取得零售收入总额12.36万元。计算该商店8月应缴纳税的增值税税额。

答：（1）8月取得的不含税销售税税额=12.36÷（1+3%）=12（万元）

（2）8月应缴纳增值税税额=12×3%=0.36（万元）

【例2-14】某零售企业为增值税小规模纳税人，2018年11月购买货物取得普通发票，支付货款50 000元，经主管税务机关核准购进税控收款机一台，取得普通发票，支付金额11 300元，本月销售货物取得零售收入230 000元，则该企业应纳增值税为：

应纳增值税税额=230 000÷（1+3%）×3%−11 300÷（1+13%）×13%=5 399.03（元）

注：从2004年12月1日起，小规模纳税人购置的税控收款机，依据取得的专用发票或普通发票抵缴当期应纳的增值税。取得普通发票可抵扣的税款，可按公式“可抵扣税款=价款÷（1+13%）×13%”计算。

三、一般纳税人选择简易计税的规定

一般纳税人如发生下列应税行为，可选择简易计税方法计税：

1.公共交通运输服务。公共交通运输服务，包括轮客渡、公交客运、地铁、城市轻轨、出租车、长途客车、班车。

班车，是指固定路线、固定时间运营并在固定站点停靠的运送旅客的陆路运输服务。

2.经认定的动漫企业为开发动漫产品提供的动漫脚本编撰、形象设计、背景设计、动画设计、分镜、动画制作、摄制、描线、上色、画面合成、配音、配乐、音效合成、剪辑、字幕制作、压缩转码（面向网络动漫、手机动漫格式适配）服务，以及在境内转让动漫版权（包括动漫品牌、形象或内容的授权及再授权）。

3.电影放映服务、仓储服务、装卸搬运服务、收派服务和文化体育服务。

4.以纳入营改增试点之日前取得的有形动产为标的物提供的经营租赁服务。

5.在纳入营改增试点之日前签订的尚未执行完毕的有形动产租赁合同。

6.以下建筑服务：

（1）一般纳税人以清包工方式提供的建筑服务，可选择适用简易计税方法计税。

以清包工方式提供的建筑服务，是指施工方不采购建筑工程所需的材料或只采购辅助材料，并收取人工费、管理费或其他费用的建筑服务。

（2）一般纳税人为甲供工程提供的建筑服务，可选择适用简易计税方法计税。所谓甲供工程，是指全部或部分设备、材料、动力由工程发包方自行采购的建筑工程。

（3）一般纳税人为建筑工程老项目提供的建筑服务，可选择适用简易计税方法计税。

建筑工程老项目是指：

①“建筑工程施工许可证”注明的合同开工日期在2016年4月30日前的建筑工程项目；

②未取得“建筑工程施工许可证”的，建筑工程承包合同注明的开工日期在2016年4月30日前的建筑工程项目。

7.以下销售不动产行为：

（1）一般纳税人销售其在2016年4月30日前取得（不含自建）的不动产，可选择适用简易计税方法计税。

（2）一般纳税人销售其在2016年4月30日前自建的不动产，可选择适用简易计税方法计税。

（3）房地产开发企业中的一般纳税人，销售自行开发的房地产老项目，可选择适用简易计税方法计税。

8.以下不动产经营租赁服务：

（1）一般纳税人出租其在2016年4月30日前取得的不动产，可选择适用简易计税方法计税。

（2）公路经营企业中的一般纳税人收取营改增试点前开工的高速公路的车辆通行费，可选择适用简易计税方法计税。

营改增试点前开工的高速公路，是指相关施工许可证上注明的合同开工日期在2016年4月30日前的高速公路。

【例2-15】某企业为增值税小规模纳税人，2018年11月取得零售收入16.48万元，为其他企业提供交通运输服务取得含税收入20.6万元，试计算该企业2018年11月应缴纳的增值税税额。

答：不含税销售额=16.48÷（1+3%）+20.6÷（1+3%）=36（万元）

应纳增值税税额=36×3%=1.08（万元）

9.农村信用社、村镇银行、农村资金互助社、由银行业机构全资发起设立的贷款公司、法人机构在县（县级市、区、旗）及县以下地区的农村合作银行和农村商业银行提供金融服务收入，可选择适用简易计税方法按照3%的征收率计算缴纳增值税。

村镇银行，是指经中国银行业监督管理委员会依据有关法律、法规批准，由境内外金融机构、境内非金融机构企业法人、境内自然人出资，在农村地区设立的主要为当地农民、农业和农村经济发展提供金融服务的银行业金融机构。

农村资金互助社，是指经银行业监督管理机构批准，由乡（镇）、行政村民和农村小企业自愿入股组成，为社员提供存款、贷款、结算等业务的社区互助性银行业金融机构。

由银行业金融机构全资发起设立的贷款公司，是指经中国银行业监督管理委员会依据有关法律、法规批准，由境内商业银行或农村合作银行在农村地区设立的专门为县域农民、农业和农村经济发展提供贷款服务的非银行业金融机构。

县（县级市、区、旗），不包括直辖市和地级市辖城区。

任务五　增值税税收优惠

一、免征增值税政策

1.《增值税暂行条例》规定的免税项目

（1）农业生产者销售的自产农产品。

农业生产者：从事农业生产的单位和个人。

农业产品：种植业、养殖业、林业、牧业、水产业生产的各类植物、动物的初级产品。

销售外购农产品，以及外购农产品生产、加工后销售的仍然属于规定范围的农业产品，不属于免税范围（9%低税率）。

“公司+农户”模式：纳税人回收再销售畜禽，属于农业生产者销售的自产农产品，免征增值税。

（2）避孕药品和用具。

（3）古旧图书。向社会收购的古书和旧书。

（4）直接用于科学研究、科学试验和教学的仪器、设备。

（5）外国政府、国际组织无偿援助的进口货物和设备。

（6）由残疾人的组织直接进口供残疾人专用的物品。

（7）销售自己使用过的物品，指其他个人（自然人）自己使用过的物品。

（8）纳税人销售额未达到国务院财政、税务主管部门的增值税起征点的，免征增值税；达到起征点的，全额计算缴纳增值税。为照顾一部分小型业主的生产经营，增值税对个人销售额未达到起征点的免征增值税。起征点的幅度规定如下：

①按期纳税的，为月销售额5 000～20 000元（含本数）；

②按次纳税的，每次（日）销售额300～500元（含本数）。

增值税起征点不适用于被认定为增值税一般纳税人的个体工商户。

对增值税小规模纳税人中月销售额未达到2万元的企业或非企业性单位，免征增值税。

（9）纳税人生产销售和批发、零售有机化肥免征增值税。

2.其他减免税规定

（1）个人转让著作权。

（2）残疾人员本人为社会提供的服务。

（3）航空公司提供飞机播撒农药服务。

（4）纳税人提供技术转让、技术开发和与之相关的技术咨询、技术服务。

（5）符合条件的节能服务公司实施合同能源管理项目中提供的应税服务。

上述“符合条件”是指同时满足下列条件：

①节能服务公司实施合同能源管理项目相关技术，应当符合国家质量监督检验检疫局和国家标准化管理委员会发布的《合同能源管理技术通则》（GB/T24915-2010）规定的技术要求。

②节能服务公司与用能企业签订“节能效益分享型”合同，其合同的格式和内容，符合《中华人民共和国合同法》和国家质量监督检验检疫局和国家标准化管理委员会发布的《合同能源管理技术通则》（GB/T 24915-2010）等的规定。

（6）自2012年1月1日起至2013年12月31日，注册在上海的企业从事离岸服务外包业务中提供的应税服务。

（7）台湾航运公司从事海峡两岸海上直航业务在大陆取得的运输收入。

（8）台湾航空公司从事海峡两岸空中直航业务在大陆取得的运输收入。

（9）美国ABS船级社在非营利宗旨不变、中国船级社在美国享有同等免税待遇的前提下，在中国境内提供的船检服务。

（10）随军家属就业。

为安置随军家属而新办的企业，自领取税务登记证之日起，其提供的应税服务3年内免征增值税。享受免税优惠政策的企业，随军家属必须占企业总人数60%（含）以上，并有军（含）以上政治和后勤出具的证明。

从事个体经营的随军家属，自领取税务登记证之日起，其提供的应税服务3年内免征增值税。随军家属必须有师（含）以上政治机关出具的表明其身份的证明。但税务主管部门应当进行相应的审查认定。

另外，从事个体经营的军队转业干部，自领取税务登记证之日起其提供的应税服务3年内免征增值税。为安置自主择业的军队转业干部而新开的企业，凡安置自主择业的军队转业干部占企业总人数60%（含）以上的，自领取税务登记证之日起其提供的应税服务3年内免征增值税。

（11）财政部和国家税务总局发布《关于简并增值税税率有关政策的通知》指出，自2018年1月1日起至2020年12月31日，免征图书批发、零售环节增值税；对7类出版物在出版环节执行增值税100%先征后退的政策；对2类出版物在出版环节执行增值税先征后退50%的政策。

（12）2019年1月1日至2021年12月31日，小规模纳税人发生增值税销售行为，合计月销售额未超过10万元（以1个季度为一个纳税期的，季度销售额未超过30万元）的，免征增值税。

（13）自2012年1月1日起，对从事蔬菜批发、零售的纳税人销售的蔬菜免征增值税。从2012年10月1日起。对从事农产品批发零售的纳税人销售的部分鲜活肉蛋产品免征增值税。批发、零售纳税人享受免税政策后开具的普通发票，不得作为计算抵扣进项税额的凭证。

（14）托儿所、幼儿园提供的保育和教育服务。

（15）养老机构提供的养老服务。

（16）婚姻介绍服务。

（17）殡葬服务。

（18）医疗机构提供的医疗服务。

（19）从事学历教育的学校提供的教育服务。

（20）学生勤工俭学提供的服务。

（21）农业机耕、排灌、病虫害防治、植物保护、农牧保险以及相关技术培训业务，家禽、牲畜、水生动物的配种和疾病防治（包括与该项服务有关的提供药品和医疗用具的业务）。

（22）纪念馆、博物馆、文化馆、文物保护单位管理机构、美术馆、展览馆、书画院、图书馆在自己的场所提供文化体育服务取得的第一道门票收入。

（23）寺院、宫观、清真寺和教堂举办文化、宗教活动门票收入。

（24）行政单位之外的其他单位（例如委托航空公司、铁路总公司）收取的符合规定条件的政府性基金和行政事业性收费。

（25）个人销售自建自用住房。

（26）纳税人提供的直接或间接国际货物运输代理服务。

（27）以下利息收入：

①国家助学贷款。

②国债、地方政府债。

③中国人民银行对金融机构的贷款。

④住房公积金管理中心用住房公积金在指定的委托银行发放的个人住房贷款。

⑤外汇管理部门从事国家外汇储备经营过程中，委托金融机构发放的外汇贷款。

⑥自2019年2月1日起至2020年12月31日止，对企业集团内单位（含企业集团）之间的资金无偿借贷行为，免征增值税。

⑦自2018年11月7日起至2021年11月6日止，对境外机构投资境内债券市场取得的债券利息收入暂免征增值税。

⑧统借统还债务。

（28）被撤销金融机构以货物、不动产、无形资产、有价证券、票据等财产清偿债务。除另有规定外，被撤销金融机构所属、附属企业，不享受被撤销金融机构增值税免税政策。

（29）保险公司开办的一年期以上人身保险产品取得的保费收入。

（30）境内保险公司向境外保险公司提供的完全在境外消费的再保险服务，免征增值税。

（31）个人从事金融商品转让业务。

（32）金融同业往来利息收入。

（33）同时符合规定条件的担保机构从事中小企业信用担保或者再担保业务取得的收入（不含信用评级、咨询、培训等收入）3年内免征增值税。

（34）国家商品储备管理单位及其直属企业承担商品储备任务，从中央或者地方财政取得的利息补贴收入和差价补贴收入。

二、增值税即征即退政策

1.注册在洋山保税港区内试点纳税人提供的国内货物运输服务、仓储服务和装卸搬运服务。

2.安置残疾人的单位，实行由税务机关按照单位实际安置残疾人的数量，限额即征即退增值税办法。

3.试点纳税人中的一般纳税人提供管道运输服务，对其增值税实际税负超过3%的部分实行增值税即征即退政策。

4.经中国人民银行、银保监会、商务部批准经营融资租赁业务的试点纳税人中的一般纳税人提供有形动产融资租赁业务，对其增值税实际税负超过3%的部分实行增值税即征即退政策。

三、其他税收优惠

1.单位和个人提供的国际运输服务、向境外单位提供的研发服务和设计服务适用增值税零税率。

2.单位和个人提供适用增值税零税率的服务。如果适用于增值税一般计税方法的，实行免抵退办法，退税率为其按照《交通运输业和部分现代服务业营业税改征增值税试点实施办法》（财税〔2011〕111号）第十二条第（一）至（三）项规定适用增值税零税率；如果属于适用简易计税方法的，实行免征增值税办法。

3.单位和个人提供适用增值税零税率的服务，按月向主管退税的税务机关申报办理增值税免抵退税或免税手续。具体管理办法由国家税务总局和财政部另行规定。

4.单位和个人提供的下列应税项目免征增值税，但财政部和国家税务总局另行规定适用增值税零税率的除外。

（1）工程、矿产资源在境外的工程勘探服务。

（2）会议展览地点在境外的会议展览服务。

（3）存储地点在境外的仓储服务。

（4）标的物在境外使用的有形动产租赁服务。

（5）符合《财政部、国家税务总局关于将铁路运输和邮政业纳入营业税改征增值税试点的通知》（财政〔2013〕106号）第一条第（一）项的规定，但不符合《财政部、国家税务总局关于将铁路运输和邮政业纳入营业税改征增值税试点的通知》（财政〔2013〕106号）第一条第（二）项规定的国际运输服务。

（6）向境外单位提供的下列应税项目。

技术转让服务、技术咨询服务、合同能源管理服务、软件服务、电路设计及测试服务、信息系统服务、业务流程管理服务、商标著作权转让服务、知识产权服务、物流辅助服务（仓储服务除外）、认证服务、签证服务、咨询服务。但不包括：合同标的物在境内的合同能源管理服务、对境内货物或不动产的认证服务、签证服务和咨询服务。

任务六　纳税时间和纳税地点

一、增值税纳税时间的一般规定

纳税时间是指明确纳税义务已经发生，应该正确计算增值税应纳税额的时点，只有准确把握纳税时间，才能规避纳税风险，防止偷漏税款的发生。有关纳税时间的规定如下：

1.纳税人发生应税行为并收讫销售款项或者取得索取销售款项凭证的当天；先开具发票的，为开具发票的当天。

2.纳税人提供建筑服务、租赁服务采取预收款方式的，其纳税义务发生的时间为收到预收款的当天。

3.纳税人从事金融商品转让的，为金融商品所有权转移的当天。

4.纳税人发生《营业税改征增值税试点实施办法》第十四条情形的，其纳税义务发生的时间为服务、无形资产转让完成的当天或不动产权属变更的当天。

5.进口货物，为报关进口的当天。

6.增值税扣缴义务发生时间为纳税人增值税纳税义务发生的当天。

其中，应重点把握如下内容：

（1）销售款项，是指纳税人销售服务、无形资产、不动产过程中或者完成后收到的款项。收讫销售款项，是指纳税人应税服务发生过程中或者完成后收到的款项。应注意三个方面：

①收到款项不能简单地确认为应税服务增值税纳税义务发生时间，应以提供的

应税服务为前提。

②收讫销售款项，是指在应税服务开始提供后收到的款项，包括在应税服务发生过程中或完成后收取的款项。

③除了提供有形动产租赁服务外，在提供应税服务之前收到的款项即预收款不属于收讫的销售款项，不能按照该时间确认纳税义务发生。

（2）取得销售款项凭证的当天，是指书面合同确认的付款日期；未签订书面合同或者书面合同未确定付款日期的，为服务、无形资产转让完成的当天或者不动产权属变更的当天。

在实务中，应根据会计采纳的具体结算方式，确认纳税时间：

①采取直接收款方式销售货物，不论货物是否发出，均为收到销售款或者取得索取销售款凭据的当天。

②采取托收承付和委托银行收款方式销售货物，为发出货物并办妥托收手续的当天。

③采取赊销和分期收款方式销售货物，为书面合同约定的收款日期的当天，无书面合同的或者书面合同没有约定收款日期的，为货物发出当天。

④采取预收货款方式销售货物，为货物发出当天，但生产销售工期超过12个月的大型机械设备、船舶、飞机等货物，为收到预收款或者书面合同约定的收款日期的当天。

⑤委托其他纳税人代销货物，为收到代销单位的代销清单或者收到全部货物或者收到部分货物的当天，未收到代销单位的代销清单及货款的，为发出代销货物满180天的当天。

⑥纳税人发生视同销售货物行为，为货物移送的当天。

⑦签订了书面合同或者书面合同确定了付款日期的，按照书面合同确定的付款日期的当天确认纳税义务发生。

⑧未签订书面合同或者书面合同未确定付款日期的，按照应税服务完成的当天确认纳税义务发生。

⑨销售应税劳务，为提供劳务同时收讫销售款或取得索取销售款凭证的当天。

⑩提供有形动产租赁服务并收取预收款的纳税人，增值税纳税义务发生时间为收到预收款的当天。纳税人提供建筑业或租赁业劳务，采取预收款方式的，以纳税人收到预收款的当天作为纳税义务发生时间。即纳税人一次性收取若干年的租金收入应以收到租金的当天作为纳税义务发生时间。

二、扣缴纳税义务的时间规定

扣缴义务发生时间为纳税义务发生的当天按照相关的规定，确认境外单位或个人提供应税服务的增值税纳税义务发生时间，再以增值税纳税义务发生的当天作为增值税扣缴义务发生时间。

三、纳税期限

增值税纳税期限分别为1日、3日、5日、10日、15日、1个月或1个季度。以1个季度为纳税期限的规定仅适用于小规模纳税人、银行、财务公司、信托投资公司、信用社，以及财政部和国家税务总局规定的其他纳税人。自2016年4月1日起，增值税小规模纳税人原则上实行按季申报缴纳增值税。纳税人的具体纳税期限由主管税务机关根据纳税人应纳税额的大小分别核定；不能按固定期限缴纳的，可以按次纳税。

按照《总分机构试点纳税人增值税计算缴纳暂行办法》的规定，航空运输企业的总机构，中国铁路总公司，各省、自治区、直辖市和计划单列市邮政企业的增值税纳税期限为1个季度。

纳税人以1个月或1个季度为纳税期的，自期满之日起15日内申报纳税；以1日、3日、5日、10日、15日为一个纳税期的，自期满之日起5日内预缴税款，于次月1日起15日内申报纳税并结清上月应纳税款。

纳税人进口货物，应当自海关填发海关进口增值税专用缴款书之日起15日内缴纳税款。

四、纳税地点

1.固定业户应当向其机构所在地或者居住地主管税务机关申报纳税。总机构和分支机构不在同一县（市）的，应当分别向各自所在地的主管税务机关申报纳税；经财政部和国家税务总局或者其授权的财政和税务机关批准，可以由总机构汇总向总机构所在地的主管税务机关申报纳税。

2.非固定业户应当向应税行为发生地主管税务机关申报纳税；未申报纳税的，由其机构所在地或者居住地主管税务机关补征税款。

3.其他个人提供建筑服务，销售或者租赁不动产，转让自然资源使用权，应向建筑服务发生地、不动产所在地、自然资源所在地主管税务机关申报纳税。

4.扣缴义务人应当向其机构所在地或者居住地主管税务机关申报缴纳扣缴的税款。

想一想

1.增值税一般纳税人和小规模纳税人的认定标准有哪些？

2.增值税的税率与征收率有什么区别？

3.增值税因对固定资产的不同处理可分为哪些类型？

4.增值税的征收范围有哪些？增值税的征收范围的特殊行为有哪些？

5.某食品厂将其生产的饼干用于抵债，会发生增值税义务吗？那么将外购的白糖用于抵债，会发生增值税义务吗？

6.某空调商场主营业务为空调机销售，在销售空调机时，为购买者提供有偿的安装和送货服务，收到的货物销售价款、送货费及安装费，应如何选择适用税率？

7.由于人为的因素引起火灾或地震等不可抗力造成的已抵扣的进项税额需要转出吗？

8.境外单位或个人在境内发生应税行为而在境内未设有经营机构的，如其扣缴义务人是小规模纳税人，应如何选择适用税率计算应扣缴的增值税？

项目小结

◆学习本项目内容，核心是会计算增值税。增值税的征收范围、纳税人及税率的规定是计算的基础，由于纳税人的不同，适用税率和计算方法也不同，其中一般纳税人的增值税计算是重点。

◆销售额为纳税人销售货物或提供应税劳务（服务）而向购买方收取的全部价款和价外费用，但不包括收取的销项税额，不包括代为收取并符合规定的政府性基金或者行政事业性收费和以委托方名义开具发票代委托方收取的款项。

◆不含税销售额=含税销售额÷（1+税率）

◆一般计税方法：应纳税额=销项税额−进项税额+进项税额转出

◆简易计税方法：一般情况应纳税额=含税销售额÷（1+征收率）×征收率

◆进口环节计税方法：应纳税额=（关税完税价格+关税+消费税）×适用税率

◆纳税人：在我国境内发生增值税应税行为的单位和个人，分为一般纳税人及小规模纳税人。

◆增值税的征收范围：一般规定是销售、进口货物、提供加工修理修配劳务，销售交通运输服务、建筑服务、金融保险服务、现代服务、生活服务、邮政电信服务、转让无形资产、销售不动产。

◆增值税税率及征收率：

增值税税率一共有4档：13%、9%、6%、0。

销售交通运输、邮政、基础电信、建筑、不动产租赁服务，销售不动产，转让土地使用权以及销售或进口农产品等货物税率为9%；加工修理修配劳务、有形动产租赁服务和进口货物税率为13%；销售无形资产（除土地使用权）为6%，出口货物税率为0；其余的：货物是13%，服务是6%。

增值税征收率一共有2档：3%和5%。

◆增值税的征收管理。纳税义务发生时间因结算方式不同而不同；纳税地点一般为机构所在地。

项目测试

一、单项选择题

1.下列各项中，不征收增值税的是（　　）。

A.销售电视机取得的收入　　B.转让商标权取得的收入
C.销售商品房取得的收入　　D.员工从单位领取的工资收入

2.下列各项中，属于增值税应税项目的是（　　）。
A.甲公司无偿转让一项专利权给丙公司
B.甲公司派出10名员工为园博会服务
C.甲公司无偿转让一批电脑给希望工程
D.甲公司派出10名员工开展法制宣传

3.增值税一般纳税人（　　）不能抵扣进项税额。
A.外购修理用备件　　B.外购工程物资
C.外购厂房　　D.外购用于职工福利的货物

4.下列项目适用税率为13%的是（　　）。
A.取得出租机床租金收入　　B.取得出租厂房租金收入
C.转让厂房取得收入　　D.转让土地使用权取得收入

5.增值税的零税率是指（　　）。
A.纳税人外购货物不含税款　　B.纳税人本环节应纳税额为零
C.纳税人以后环节应纳税额为零　　D.纳税人生产销售货物整体税负为零

6.下列不属于增值税纳税期限的是（　　）。
A.1日　　B.1个月　　C.3个月　　D.1个季度

7.下列各项属于建筑服务中的安装服务的是（　　）。
A.生产设备安装　　B.起重机安装台刷漆
C.燃气开户费　　D.厂房修补

8.纳税人从事金融商品转让的，增值税纳税义务发生时间为（　　）。
A.所有权转让的当天　　B.收到预收款的当天
C.取得有关凭证的当天　　D.发出货物的当天

9.餐饮业销售非现场消费的食品，适用的税率是（　　）。
A.6%　　B.9%　　C.13%　　D.0

10.一般计税方法下，下列不应调整销项税额的是（　　）。
A.因销售折让而退还的增值税税额　　B.因销售折扣而退还的增值税税额
C.因销售中止而退还的增值税税额　　D.因销售退回而退还的增值税税额

二、多项选择题

1.属于增值税视同销售行为的有（　　）。
A.将自产的货物分配给投资者
B.将自产的货物用于本单位职工集体福利
C.委托别人代销货物
D.将购买的货物用于对外投资

2.企业销售货物在价格之外收取的（　　）应并入销售额计征销项税额。

A.收取的违约金
B.收取的包装物租金
C.收取的手续费
D.收取的包装物押金并进行单独记账核算
3.下列属于一般纳税人可以选择适用简易计税方法的应税行为有（　　）。
A.公共交通运输服务　　B.以清包工方式提供的建筑服务
C.仓储服务　　D.收派服务
4.下列属于生活服务业免税项目的有（　　）。
A.幼儿园保育服务　　B.婚姻介绍服务
C.展览馆的第一道门票收入　　D.体育彩票发行收入
5.下列属于应纳增值税的有（　　）。
A.购买基金取得的收益　　B.炒股取得的收益
C.购买理财产品取得的收益　　D.购买国债取得的收益
6.增值税中的增值额，包括（　　）。
A.工资　　B.利息　　C.租金　　D.利润
7.不得开具增值税专用发票的项目有（　　）。
A.金融商品转让
B.经纪代理服务，向委托方收取的政府性基金或者行政事业性收费
C.提供有形动产融资性售后回租服务，向承租方收取的有形动产价款本金
D.旅游服务，向旅游服务购买方收取并支付的游览费、住宿费和餐饮费
8.下列不征收增值税的项目有（　　）。
A.根据国家指令无偿提供的铁路运输服务
B.存款利息
C.物业公司代收的住宅专项维修资金
D.被保险人获得的保险赔付
9.下列各项中，免征增值税的有（　　）。
A.用于对外投资的自产工业产品　　B.用于单位集体福利的产品
C.农业生产者销售的自产农业产品　　D.直接用于教学的进口仪器
10.增值税的征收范围包括（　　）。
A.销售或进口货物　　B.提供加工修理修配劳务
C.出租不动产　　D.转让无形资产

三、判断题

1.按照税法的相关规定，销售折扣不能从销售额中减除。（　　）
2.增值税的征收率只适用于小规模纳税人。（　　）
3.某工业企业将外购的货物（取得增值税专用发票）直接用于赠送儿童福利院，其进项税额不得抵扣。（　　）

4. 增值税一般纳税人销售货物从购买方收取的价外费用应并入销售额计征增值税。（　　）

5. 已抵扣进项税额的购进货物，如用于职工福利发给职工，发放时应视同销售并计算增值税的销项税额。（　　）

6. 房地产开发企业销售其自建的不动产，应以取得的全部价款和价外费用为销售额。（　　）

7. 增值税一般纳税人兼营不同税率的货物，未分别核算或不能准确核算其销售额的，从高适用税率。（　　）

8. 委托其他人代销货物，未收到货款或代销清单的，纳税义务发生时间为发出代销货物满180天。（　　）

9. 非固定业户应当向纳税行为发生地主管税务机关申报纳税。（　　）

10. 向消费者个人销售不动产可以开具增值税专用发票。（　　）

11. 小规模纳税人采用简易方法计税，其计税依据为含税销售额。（　　）

12. 企业将外购的货物用于本单位的集体福利属于增值税的视同销售行为。（　　）

13. 在通常情况下，小规模纳税人与一般纳税人的身份可以相互转换。（　　）

14. 电信服务业一般纳税人提供基础电信服务适用税率为6%，增值电信服务适用税率为9%。（　　）

15. 工程设计服务适用建筑服务业9%的增值税税率。（　　）

四、计算题

1. 甲公司为增值税一般纳税人，2018年5月对办公大楼进行改造，购进中央空调一套，价款800 000元，增值税税额104 000元，请分别处理2018年和2019年这两年的增值税账务。

2. 丙公司为餐饮业小规模纳税人，2020年5月购进餐饮主料80 000元，副食品及调料30 000元；本月取得餐饮服务收入100 000元，其中外卖收入20 000元，请计算该公司应缴纳的增值税。

3. 某针织厂（一般纳税人）某月将自产的针织内衣作为福利发给本厂职工，其发放A型内衣400件，同类产品每件销售价为15元；发放B型内衣200件，无同类产品销售价格，但知制作B型内衣的总成本为3 800元，则这项视同销售行为的销售额是多少？

4. 某工业企业为增值税一般纳税人，当月销售货物的销售额为1 300万元；当月购进货物一批，取得的增值税专用发票上注明的价款是850万元，货款已付，销货方保证于下月5日前发货。该企业当月应纳增值税是多少？

5. M公司为一般纳税人，除了主营业务外，2019年10月把临街办公楼面的广告位转给广告公司，取得服务收入200 000元；同时，当月取得仓储服务收入30 000元，选择使用简易计税方法计税。计算该公司两项收入应缴纳的税金。

课后拓展

关注新媒体平台，获取税收领域最新的观点、方法、技巧，了解税费计算与缴纳的前沿资讯。

微信公众号“国家税务总局”是由国家税务总局新闻宣传办公室维护的新媒体平台。该平台开设了“微服务”“疫情防控”“智能咨询”三个栏目，下设“国务院督查”“减税降费问答库”“便捷开票”“税务讲堂”“权威回应”等子栏目。在微信公众账号中搜索“chinatax008”或用手机扫描二维码即可关注。

项目三

掌握消费税计算与缴纳

学习目标

◆ 知识目标

1. 了解消费税的概念、由来及特点。
2. 掌握消费税的基本法律内容。
3. 掌握消费税计算与征收管理。
4. 了解出口退（免）税的基本规定。

◆ 技能目标

1. 掌握消费税的概念、特点和作用，熟悉消费税的基本制度。
2. 掌握消费税的征收范围。
3. 掌握消费税的计算方法等。

引导案例

在日常生活中，消费品形形色色，当然大部分都可以给我们带来健康和幸福。但是，也有一些消费品的消费会给人类带来较为严重的影响。这类消费品主要有：一是高档消费品或奢侈品，影响社会价值观念趋向，如高档贵重首饰；二是过度消费会影响人类健康的消费品，如烟、酒；三是不可再生的资源类消费品，如石油类消费品；四是高能耗的消费品，如小汽车等。作为宏观调控的主体，国家应对这些消费品的生产和消费进行调节，调节的重要手段就是开征消费税。

本项目讲述的就是我国消费税的主要征收制度。通过学习我们应熟悉我国消费税的开征范围，了解对这些消费品征收消费税的意义，同时要掌握消费税的主要征收制度，能够熟练进行消费税应纳税额的计算。

任务一　了解消费税基础知识

一、消费税的概念

消费税是对特定的某些消费品和消费行为征收的一种间接税。

消费税是以特定消费品为征税对象的一种税，主要以销售额或销售数量为计税依据，属于流转税范畴。目前，世界上已有100多个国家开征这一税种或类似税种。我国现行消费税制度是1993年12月13日颁布、2008年11月5日修订的《中华人民共和国消费税暂行条例》。

二、消费税的特点

1.征税范围具有选择性

流转税类中有一个非常重要的税种——增值税，它属于普遍征收的税种，其征税范围非常广泛，而消费税只选择一些特殊的消费品作为征税对象。它是在所有增值税应税货物普遍征收增值税的基础上，选择特殊的消费品加征一道消费税，起到特殊调节的效果。目前，我国的消费税征税范围主要包括：过度消费会对人体造成伤害的特殊消费品、高档奢侈消费品、高能耗消费品、不可再生的资源类消费品等。

2.征税环节具有单一性

对于一般应税消费品而言，消费税只在生产、委托加工、进口环节征收。具体来说，生产在销售或自用时征收，委托加工在收回时征收，进口在报关环节征收。我们知道，任何一件消费品，就它本身而言，从形成到消费的整个过程中，生产、委托加工和进口只能有一种方式存在，所以消费税属于单环节征收制，即一件消费品从形成到消费的整个过程中只征一次消费税，而且也必须征一次消费税。但也应注意，对于金银首饰，消费税是选择在零售环节一次性征收的；从2009年5月1日起，在卷烟批发环节加征一道从价税。

3.征税方法具有多样性

消费税的计税方法比较灵活。为了适应不同应税消费品的情况，消费税在征收方法上不力求一致，而是采用了多种计税方法。有些应税消费品采用单一的从价计征方法，如高档化妆品；有些应税消费品选择单一的从量定额计税方法，如成品油；有的应税消费品则采用了从价和从量计征相结合的计税方法，如卷烟和白酒。这种多样化的计税方法满足了消费税根据不同消费品的不同特点实施特殊调节的需要。

4.税收负担具有转嫁性

凡列入消费税征税范围的消费品，一般都是高价高税产品。因此，消费税无论在哪个环节征收，消费品中所含的消费税税款都将作为消费品销售价格的一部分，伴随着消费品的销售，实现税收负担由纳税人到消费者的转移，这种税负的转移，我们通常称作消费税税收负担的转嫁。消费税正是利用了税收负担可以转嫁这一特点，实现了通过调节消费，达到调节生产、调节收入分配的目的。

课堂讨论：

某日化厂生产的高档化妆品在出厂销售时，既纳增值税也纳消费税，某商场销售的高档化妆品也是既纳增值税也纳消费税。对吗？为什么？

提示：

不对，高档化妆品是增值税的应税货物，同时也是消费税的应税消费品，增值税规定在销售环节征税，即不论是出厂销售还是批发或零售销售均纳税。所以，生产企业出厂销售、商场零售销售均纳增值税。但是消费税只选择特殊环节征税，对于自产的高档化妆品只在出厂销售环节纳税，在零售环节不缴纳消费税。

三、消费税的作用

1.体现消费政策，调整产业结构

消费税的立法集中体现了国家的产业政策和消费政策。如为了抑制对人体健康不利或者过度消费会对人体有害的消费品的生产，将烟，酒，鞭炮、焰火列入征税范围；为了调节特殊消费，将摩托车、小汽车、贵重首饰及珠宝玉石、高档手表、高尔夫球及球具列入征税范围；为了节约一次性能源，限制过量消费，将成品油、木制一次性筷子等列入征税范围。

2.调节支付能力，缓解社会分配不公

个人生活水平或贫富状况很大程度上体现在支付能力上。显然，受多种因素制约，仅靠个人所得税不可能完全实现税收的公平分配目标，也不可能彻底解决社会分配不公的问题。通过对某些奢侈品或特殊消费品征收消费税，从调节个人收入支付能力的角度，间接增加了某些消费者的税收负担或增加消费支出的超额负担，使高收入者的高消费受到一定的抑制，低收入者或消费基本生活用品的消费者则不负担消费税，支付能力不受影响。所以，征收消费税有利于配合个人所得税及其他税种，通过调节支付能力，缓解目前存在的社会分配不公矛盾。

3.拓宽税源，增加财政收入

征收消费税，对应税消费品的销售额或销售数量征收，不考虑生产经营过程中的外购生产资料情况，也不考虑生产经营过程中的各种人力、物力、财力的支出，也就是说不考虑生产经营过程中的成本和费用，只要消费品经过应税环节，就必须缴纳消费税，保证了税收收入的及时、稳定、可靠。

任务二 了解消费税基本法律

一、消费税的征税范围

我国现行消费税的征税范围为生产、委托加工和进口的应税消费品。主要包括以下几个方面：

1.特殊消费品

一些特殊消费品在生产过程或消费过程当中，会对人类健康、社会秩序和生态环境等造成危害，如烟、酒、鞭炮、焰火、电池和涂料等。对这些消费品征收消费税，可以抑制其生产和消费。

2.非生活必需品

如高档化妆品、贵重首饰、珠宝玉石、高档手表、高尔夫球及球具等。通过对这些非生活必需品或奢侈品征收消费税，可以调节消费者的收入水平。

3.高能耗及高档消费品

如摩托车、小汽车等。这类消费品不仅价格昂贵，且消耗能源较多，属于少数人消费的高档消费品，对其征税体现国家对高消费的一种特殊调节。

4.不可再生和稀缺资源消费品

如成品油、木制一次性筷子、实木地板等。对这类消费品征税，体现国家对稀缺资源的合理配置，通过征税限制其消费、节约资源。

二、消费税的纳税人

消费税的纳税人是在中华人民共和国境内生产、委托加工和进口《中华人民共和国消费税暂行条例》规定的消费品的单位和个人。

“单位”是指从事生产、委托加工和进口应税消费品的国有企业、集体企业、私有企业、股份制企业、外商投资企业、外国企业、其他企业和行政单位、事业单位、军事单位、社会团体及其他单位。

“个人”是指个体经营者及其他个人。

“在中华人民共和国境内”是指生产、委托加工和进口属于应当征收消费税的消费品的起运地或所在地在我国境内。具体包括：生产并销售应税消费品的单位和个人；自产自用应税消费品的单位和个人；委托加工应税消费品的单位和个人；进口应税消费品的单位和个人。

三、消费税的纳税环节

1.纳税环节的一般规定

为防止税款流失、加强源泉控制，消费税的纳税环节一般确定在生产销售环节，即纳税人生产的应税消费品，于销售时纳税。其中纳税人生产销售的应税消费品，还包括纳税人用于换取生产资料和消费资料，支付代购手续费或销售回扣，以及在销售数量之外另付给购货方或中间人作为奖励和报酬的应税消费品。

上述“销售”是指有偿转让应税消费品的所有权，“有偿”包括从购买方取得货币、货物或其他经济利益。

例如，化妆品厂将生产的口红、眉笔等销售，或是用于抵偿原料价款，或是用于换取原料，该化妆品厂就发生了消费税纳税义务，是消费税的纳税人。

2.纳税环节的特殊规定

（1）进口环节。对纳税人进口的应税消费品，于报关进口时缴纳消费税，由海关负责征收。个人携带或邮寄进入我国境内的应税消费品，在报关进口环节连同关税一并计算纳税。

（2）自用环节。纳税人自产自用的应税消费品，用于连续生产应税消费品的，不纳税（如卷烟厂将自产烟丝用于连续生产卷烟，这时不对移送使用的烟丝征收消费税）。用于其他方面的，于移送使用时纳税（如厂家将自产铅蓄电池用于生产卡车），以及用于管理部门、非生产机构、馈赠、赞助、广告、样品、职工福利、职工奖励等方面（如将自产高档化妆品作为福利发放给本厂职工）。

（3）加工环节。委托加工的应税消费品，除受托方为个人外，由受托方在向委托方交货时代收代缴税款；委托方用于连续生产应税消费品的，所纳税款准予按规定抵扣。

（4）批发环节。在卷烟批发环节加征一道从价税，税率为11%，即在中国境内从事卷烟批发业务的单位和个人，批发销售的所有牌号、规格的卷烟，应按批发卷烟的销售额（不含增值税）乘以11%的税率缴纳批发环节的消费税。

（5）零售环节。按现行税法的规定，金银首饰（含镶嵌首饰）、钻石及钻石饰品在零售环节征税。其金银首饰征收范围仅限于金、银和金基、银基合金首饰，以及金、银和金基、银基合金的镶嵌首饰，不包括镀金（银）、包金（银）首饰，以及镀金（银）、包金（银）镶嵌首饰。

课堂讨论：

某商场销售高档白酒若干瓶，酒厂将自产白酒赠送某福利机构，某商贸企业从韩国进口一批小汽车。你知道上述经济事项中，涉及的消费税纳税人有哪些吗？

提示：

根据上述纳税人介绍可知，酒厂发生了生产并自用应税消费品的行为，是消费税的纳税人；商贸企业进口应税消费品，也是消费税的纳税人；商场销售白酒不纳消费税，不是消费税的纳税人。

四、消费税的税目、税率

1.消费税的税目

我国的消费税只对部分特殊的消费品征税。列入我国消费税的应税消费品目前共有15种，采用正列举的方法设置了15个税目。在烟、酒、成品油、摩托车和小汽车几个税目中，还根据各自特点规定了若干子目。这些应税消费品一般在生产、委托加工和进口环节纳税，金银首饰和钻石及钻石饰品在零售环节纳税。

课堂讨论：

某金银首饰经营单位从国外进口一批黄金首饰，在进口环节缴纳消费税吗？

提示：

由于金银首饰在零售环节缴纳消费税，所以，该经营单位进口黄金首饰不纳消费税。

2.消费税的税率

消费税采用比例税率和定额税率两种税率形式。有的消费品单纯适用比例税率，有的消费品单纯适用定额税率，也有的消费品适用比例税率和定额税率两种税率形式。

消费税具体税目、税率情况见表3-1。

表3-1 消费税税目税率表

税 目	税 率
一、烟	
1.卷烟	
（1）甲类卷烟	56%加0.003元／支（生产环节）
（2）乙类卷烟	36%加0.003元／支（生产环节）
（3）批发环节	11%加0.005元／支
2.雪茄烟	36%
3.烟丝	30%
二、酒	
1.白酒	20%加0.5元／500克（或者500毫升）
2.黄酒	240元／吨
3.啤酒	
（1）甲类啤酒	250元／吨
（2）乙类啤酒	220元／吨
4.其他酒	10%

续表

税目	税率
三、高档化妆品	15%
四、贵重首饰及珠宝玉石	
1.金银首饰、铂金首饰和钻石及钻石饰品	5%
2.其他贵重首饰及珠宝玉石	10%
五、鞭炮、焰火	15%
六、成品油	
1.汽油	1.52元/升
2.柴油	1.20元/升
3.航空煤油	1.20元/升
4.石脑油	1.52元/升
5.溶剂油	1.52元/升
6.润滑油	1.52元/升
7.燃料油	1.20元/升
七、摩托车	
(1)气缸容量(排气量,下同)250毫升	3%
(2)气缸容量在250毫升(不含)以上	10%
八、小汽车	
1.乘用车	
(1)气缸容量(排气量,下同)在1.0升以下(含1.0升)	1%
(2)气缸容量在1.0升以上至1.5升(含1.5升)的	3%
(3)气缸容量在1.5升以上至2.0升(含2.0升)的	5%
(4)气缸容量在2.0升以上至2.5升(含2.5升)的	9%
(5)气缸容量在2.5升以上至3.0升(含3.0升)的	12%
(6)气缸容量在3.0升以上至4.0升(含4.0升)的	25%
(7)气缸容量在4.0升以上的	40%
2.中轻型商用客车	5%
3.超豪华小汽车	10%

续表

税　目	税　率
九、高尔夫球及球具	10%
十、高档手表	20%
十一、游艇	10%
十二、木制一次性筷子	5%
十三、实木地板	5%
十四、电池	4%
十五、涂料	4%

每辆零售价格为130万元（不含增值税）及以上的乘用车和中轻型商用客车，即乘用车和中轻型商用客车子税目的超豪华小汽车，按照生产（进口）环节税率和零售环节税率（10%）加总计算。

自2016年10月1日起，我国将取消对普通化妆品征收消费税，普通美容、修饰类化妆品将免征消费税，同时，将“化妆品”税目更名为“高档化妆品”，并将“高档化妆品”税率调整为15%。征收范围包括高档美容、修饰类化妆品、高档护肤类化妆品和成套化妆品。

高档美容、修饰类化妆品和高档护肤类化妆品是指生产（进口）环节销售（完税）价格（不含增值税）在10元/毫升（克）或15元/片（张）及以上的美容、修饰类化妆品和护肤类化妆品。

3.消费税税率适用的特殊规定

一般情况下，纳税人生产、销售、委托加工和进口应税消费品，应根据消费税税目税率表直接确定适用税率，但对纳税人生产经营中的一些特殊情况，应按以下特殊规定确定适用税率。

（1）兼营不同税率应税消费品时适用税率的确定。纳税人兼营不同税率应税消费品，应分别核算不同税率应税消费品的销售额、销售数量。未分别核算的一律从高适用税率。如某酒厂生产白酒、葡萄酒和啤酒三种产品，当月三种产品均有销售和自用情况，那么该酒厂应将这三种产品的销售金额和数量分别核算在三个不同的收入明细账中，自用的金额和数量也应分别核算，这时可以分别按各产品的适用税率计算应该缴纳的消费税。如果该企业将三种产品的销售额统一核算在一个收入账户中，则这一收入应统一按照白酒的税率计算消费税。

（2）成套销售不同税率应税消费品和非应税消费品时适用税率的确定。纳税人将自产的不同税率的应税消费品与外购或自产的非应税消费品组成成套消费品销售，无论是否分别核算，一律从高适用税率。

（3）配制酒适用税率的确定。配制酒（露酒）是指以发酵酒、蒸馏酒或食用酒基，加入可食用或药食两用的辅料或食品添加剂，进行调配、混合或再加工制成的并改变了其原酒基风格的饮料酒。

a.以蒸馏酒或食用酒精为酒基，同时，符合以下条件的配制酒，按其他酒税率征收消费税。①具有国家相关部门批准的国食健字或卫食健字文号；②酒精度低于38度（含）。

b.以发酵酒为酒基，酒精度低于20度（含）的配制酒，按其他酒税率征收消费税。

c.其他配制酒，按白酒税率征收消费税。

任务三 掌握消费税计税管理

消费税实行从价定率法、从量定额法，或从价定率和从量定额复合计税法（以下简称复合计税法）计算其应纳税额。对一些供求基本平衡、价格差异不大、计量单位规范的应税消费品（如汽油、柴油等）实行从量定额法；对一些供求矛盾突出、价格差异较大、计量单位不规范的应税消费品（如贵重首饰、高档化妆品等），采取从价定率法；而对于一些价格和利润差别大、容易采用转让定价方法来规避纳税的应税消费品（如烟、酒等），则采用从量与从价相结合的复合计税方法。

一、实行从价定率法应纳税额的计算

消费税是价内税，以含消费税的价格作为计税价格，与增值税相同，即二者均以含消费税不含增值税的价格为计税价格。其应纳税额的计算公式为：

应纳税额=销售额×比例税率

1.计税销售额的基本含义

纳税人生产销售应税消费品的计税销售额为纳税人销售应税消费品向购买方收取的全部价款和价外费用，不包括应向购货方收取的增值税税款。

其中：价外费用是指价外向购买方收取的手续费、补贴、基金、集资费、返还利润、奖励费、违约金、滞纳金、延期付款利息、赔偿金、代收款项、代垫款项、包装费、包装物租金、储备费、优质费、运输装卸费以及其他各种性质的价外收费。但下列项目不包括在内：

（1）同时符合以下条件的代垫运输费用：承运部门的运输费用发票开具给购买方的；纳税人将该项发票转交给购买方的。

（2）同时符合以下条件代为收取的政府性基金或行政事业性收费：由国务院或财政部批准设立的政府性基金，由国务院或省级人民政府及其财政、价格主管部门批准设立的行政事业性收费；收取时开具省级以上财政部门印制的财政票据；所收

款项全额上缴财政。

【例3-1】某客户向某汽车制造厂（增值税一般纳税人）订购自用汽车一辆，支付货款（含税）125 400元，另付设计、改装费15 000元。则该汽车计征消费税的销售额为多少?

答：销售额=（125 400+15 000）÷（1+13%）

=124 247.79（元）

【课堂练习】大自然木地板厂是增值税一般纳税人，当月销售一批实木地板，开出普通发票，注明销售额24 000元，另负责送货上门，收取运输及装卸费750元，开出运输业发票。则该实木地板的消费税应税销售额是多少?

答：消费税应税销售额=（24 000 +750）÷（1+13%）

=21 902.65（元）

2.计税销售额的特殊规定

（1）包装物及押金的计税销售额。按税法的规定，实行从价定率法计税，应税消费品连同包装物销售及包装物押金的计税销售额，作如下处理：

①应税消费品连同包装物销售的，无论包装物是否单独计价以及会计上如何核算，均应并入应税消费品的销售额中缴纳消费税。

②如果包装物不作价随同产品销售，而是收取押金，则此项押金不应并入应税消费品的销售额中征税。但对因逾期未收回的包装物不再退还的或已收取的时间超过12个月的押金，应并入应税消费品的销售额，按照应税消费品的适用税率缴纳消费税。

③对既作价随同应税消费品销售，又另外收取押金的包装物的押金，凡纳税人在规定的期限内没有退还的，均应并入应税消费品的销售额，按照应税消费品的适用税率缴纳消费税。

④酒类产品生产企业销售酒类产品（黄酒、啤酒除外）而收取的包装物押金，无论押金是否返还与会计上如何核算，均需并入酒类产品销售额中，依酒类产品的适用税率征收消费税。

【例3-2】某酒厂某月份销售白酒3 000千克，每千克30元，开具专用发票，另外收取包装物押金500元，当月收回包装物，退回包装物押金。则销售白酒计税销售额为：

销售额=3 000×30+500÷（1+13%）

=90 442.48（元）

（2）含增值税销售额的换算。应税消费品在缴纳消费税的同时，与一般货物一样，还应缴纳增值税。按照《中华人民共和国消费税暂行条例实施细则》的规定，应税消费品的销售额，不包括应向购货方收取的增值税税款。如果纳税人应税消费品的销售额中未扣除增值税税款或因不得开具增值税专用发票而发生价款和增值税税款合并收取的，在计算消费税时，应当换算为不含增值税税款的销售额。其换算公式为：

应税消费品的销售额=含增值税的销售额÷（1+增值税税率或征收率）

【例3-3】上海大众汽车公司（一般纳税人）2月份销售自产小轿车15辆，销售价格每辆150 000元（含税），则该小轿车计税销售额为：

销售额（不含税）=（150 000×15）÷（1+13％）

=1 991 150.44（元）

（3）纳税人销售的应税消费品，以人民币计算销售额。纳税人以人民币以外的货币结算销售额的，应折合成人民币计算。其销售额的人民币折合率可选择销售额发生的当天或当月1日的人民币汇率中间价。纳税人应在事先确定采用何种折合率，确定后1年内不得变更。

3.从价消费税税额的计算案例

【例3-4】某日用化学品厂，6月发生如下经济业务：购进酒精5 000元，取得增值税专用发票（已认证或选择抵扣）；购进化工原料150 000元，取得增值税专用发票（已认证或选择抵扣）；销售高档化妆品250 000元，开具专用发票；销售洗发水160 000元，开具专用发票；销售洗衣粉180 000元。则该企业上述业务应纳消费税为：

应纳消费税=250 000×15%

=37 500（元）

【例3-5】某啤酒厂销售啤酒20吨给某副食品公司，开具税控专用发票收取价款58 000元，收取包装物押金3 000元。则啤酒厂应纳消费税为：

（1）确定啤酒适用税率：（58 000+3 000÷1.13）÷20=3 032.74>3 000，啤酒适用单位税额为250元／吨。

（2）应纳消费税5 000元（20×250）。

二、实行从量定额法应纳税额的计算

1.从量定额的计税方法

我国现行消费税仅对黄酒、啤酒、成品油实行定额税率，采用从量定额方法征税。其计算公式为：

应纳税额=销售数量×定额税率

上述公式中的“销售数量”是指应税消费品的数量。具体包括：销售应税消费品的，为应税消费品的销售数量；自产自用应税消费品的，为应税消费品的移送使用数量；委托加工应税消费品的，为纳税人收回的应税消费品数量。

实行从量定额法计算应纳税额的应税消费品，其计量单位的换算标准为：黄酒1吨=962升，啤酒1吨=988升，汽油1吨=1 388升，柴油1吨=1 176升，航空煤油1吨=1 246升，石脑油1吨=1 385升，溶剂油1吨=1 282升，润滑油1吨=1 126升，燃料油1吨=1 015升。

2. 从量消费税税额的计算案例

【例3-6】某炼油厂10月销售汽油（无铅）600吨，取得销售额2 000万元；柴油300吨，取得销售额60万元。另将自产的汽油30吨、柴油50吨用于本企业运输部门。汽油每吨的生产成本为2 800元，柴油每吨的生产成本为1 500元。

分析：该炼油厂生产的汽油和柴油均为从量定额计征的消费品，生产销售的应按销售数量计税；自产汽油、柴油用于本企业运输部门的应按移送使用数量计税，则该厂应纳的消费税为：

应纳消费税=（600+30）×1 388×1.52+（300+50）×1 176×1.2

=1 329 148.8+493 920

=1 823 068.8（元）

三、实行复合计税法应纳税额的计算

1. 对烟、酒复合计税法的基本规定

对烟、酒征收消费税，实行从量定额与从价定率相结合的复合计税法或全部采用从量定额征收方法是国际上通行的做法，而采用从价计征的方法较为少见。

由于我国烟、酒的级别差异较大，完全采用从量定额的方法不利于平衡税负，因此我国于2001年开始对卷烟、白酒实行从量定额与从价定率相结合的复合计税方法，即先对卷烟、白酒从量定额计征，然后再从价计征。其计算公式为：

应纳税额=销售额×比例税率+销售数量×定额税率

2. 烟、酒复合计税法消费税税额的计算案例

【例3-7】福满多酒厂10月份生产销售粮食白酒10 000箱，每箱销售单价113元（含税），每箱6瓶，每瓶500克。计算其当月应交消费税是多少？白酒比例税率20%，定额税率0.5元/500克。

答：应纳消费税=销售额（不含税）×消费税税率+销售数量×消费税定额税率

=（10 000×113）÷（1+13%）×20%+10 000×6×0.5

=230 000（元）

【例3-8】某酒厂10月生产粮食白酒20吨，按出厂价取得销售收入10万元。则该厂应纳的消费税税额为：

应纳消费税税额=100 000×20%+20×1 000×2×0.5

=40 000（元）

四、消费税应纳税额计算的特殊规定

1. 自产自用的应税消费品的税额计算

（1）税法的基本规定。纳税人自产自用的应税消费品，用于连续生产应税消费品的，不纳税；用于其他方面的，于移送使用时纳税。

其中“用于连续生产应税消费品”是指纳税人将自产自用的应税消费品作为直

接材料生产最终应税消费品，自产自用的应税消费品构成最终应税消费品的实体。“用于其他方面”是指纳税人将自产自用的应税消费品用于生产非应税消费品、在建工程、管理部门、非生产机构、提供劳务、馈赠、赞助、集资、广告、样品、职工福利、奖励等方面。如烟厂用自己生产的烟丝继续生产卷烟，或将自产的卷烟用于换取生产资料，或给本厂职工做福利发放等。

（2）应纳税额的计算。纳税人自产自用的应税消费品，按照纳税人生产的同类消费品的销售价格计算纳税；没有同类消费品销售价格的，按照组成计税价格计算纳税。

实行从价定率办法计算纳税的组成计税价格计算公式：

组成计税价格=（成本+利润）÷（1-比例税率）

实行复合计税办法计算纳税的组成计税价格计算公式：

组成计税价格=（成本+利润+自产自用数量×定额税率）÷（1-比例税率）

上述的“同类消费品的销售价格”是指纳税人或代收代缴义务人当月销售的同类消费品的销售价格，如果当月同类消费品各期销售价格高低不同，应按销售数量加权平均计算。但销售的应税消费品有下列情况之一的，不得列入加权平均计算：销售价格明显偏低并无正当理由的；无销售价格的。如果当月无销售或当月未完结，应按照同类消费品上月或最近月份的销售价格计算纳税。公式中“成本”是指应税消费品的产品生产成本；“利润”是指根据应税消费品的全国平均成本利润率计算的利润。应税消费品全国平均成本利润率由国家税务总局确定。应税消费品成本利润率见表3-2。

表3-2 **成本利润率表**

应税消费品	平均成本利润率
1.甲类卷烟	10%
2.乙类卷烟	5%
3.雪茄烟	5%
4.烟丝	5%
5.粮食白酒	10%
6.薯类白酒	5%
7.其他酒	5%
8.高档化妆品	5%
9.鞭炮焰火	5%

续表

应税消费品	平均成本利润率
10.贵重首饰及珠宝玉石	6%
11.摩托车	6%
12.乘用车	8%
13.中轻型商用客车	5%
14.高尔夫球及球具	10%
15.高档手表	20%
16.游艇	10%
17.木制一次性筷子	5%
18.实木地板	5%
19.电池	4%
20.涂料	7%

【例3-9】某化妆品厂在“三·八”妇女节来临之际，特制一批高档化妆品无偿赠送市“三八红旗手”，该厂未生产过该类高档化妆品。已知该批高档化妆品生产成本为10 000元，成本利润率为5%，则该项业务应按组成计税价格计算缴纳消费税：

应纳消费税=10 000×（1+5%）÷（1−15%）×15%=1 852.94（元）

【例3-10】某市卷烟生产企业为增值税一般纳税人，6月份销售卷烟300标准箱，每箱不含税售价1.35万元，款项已收讫；将10标准箱卷烟作为福利发给本企业职工。则企业6月份应缴纳的消费税为多少？

答：卷烟单价=13 500÷250 =54（元/条）

适用税率36%，则：

应缴纳的消费税=（300+10）×1.35×36%+（300+10）×0.015

=155.31（万元）

2.外购已税消费品连续生产应税消费品应纳消费税的计算

（1）税法的基本规定。用外购已税消费品连续生产的应税消费品计算征税时，准予按当期生产领用数量计算扣除外购应税消费品已纳税款。但用外购已税消费品连续生产应税消费品准予抵扣税款的范围，仅限于以下10个方面：

①外购已税烟丝生产的卷烟。

②外购已税高档化妆品生产的高档化妆品。

③外购已税珠宝玉石生产的贵重首饰及珠宝玉石。

④外购已税鞭炮、焰火生产的鞭炮、焰火。

⑤外购已税杆头、杆身和握把生产的高尔夫球杆。

⑥外购已税木制一次性筷子生产的木制一次性筷子。

⑦外购已税实木地板生产的实木地板。

⑧外购已税石脑油生产的应税消费品。

⑨外购已税润滑油生产的润滑油。

⑩外购已税汽油、柴油生产的甲醇汽油、生物柴油。

需要注意的是：纳税人用外购已税珠宝玉石生产的改在零售环节征收消费税的金银首饰（镶嵌首饰）、钻石及钻石饰品，在计税时一律不得扣除外购珠宝玉石的已纳税款。

（2）外购应税消费品（从价定率）连续生产应税消费品，其计算公式为：

$$\begin{matrix}\text{当期准予扣除的外购}\\\text{应税消费品已纳税款}\end{matrix}=\begin{matrix}\text{当期准予扣除的}\\\text{外购应税消费品买价}\end{matrix}\times\begin{matrix}\text{外购应税}\\\text{消费品适用税率}\end{matrix}$$

$$\begin{matrix}\text{当期准予扣除的}\\\text{外购应税消费品买价}\end{matrix}=\begin{matrix}\text{期初库存的外购}\\\text{应税消费品买价}\end{matrix}+\begin{matrix}\text{当期}\\\text{购进的买价}\end{matrix}-\begin{matrix}\text{期末库存的外购}\\\text{应税消费品买价}\end{matrix}$$

应税消费品如果是进口应税消费品，其外购连续生产应税消费品应纳消费税计算公式为：

$$\begin{matrix}\text{当期准予扣除的进口}\\\text{应税消费品已纳税款}\end{matrix}=\begin{matrix}\text{期初库存的进口}\\\text{应税消费品已纳税款}\end{matrix}+\begin{matrix}\text{当期进口应税}\\\text{消费品已纳税款}\end{matrix}-\begin{matrix}\text{期末库存的进口}\\\text{应税消费品已纳税款}\end{matrix}$$

其中：外购已税消费品的买价是指购货发票上注明的销售额，但不包括增值税税款。进口应税消费品已纳税款为“海关进口消费税专用缴款书”注明的进口环节消费税。

【例3-11】某烟厂购进A种烟丝一批，取得增值税专用发票，注明价款为100 000元、增值税13 000元，A种烟丝本月有一半被甲、乙两卷烟生产所领用；购进B种烟丝一批，取得增值税专用发票，注明价款40 000元、增值税5 200元，款项已付，材料尚未验收入库。销售甲种卷烟6箱，价款150 000元、增值税19 500元。

答：外购烟丝准予扣除的买价=100 000÷2=50 000（元）

外购烟丝准予扣除的消费税=50 000×30% =15 000（元）

卷烟售价=150 000÷6÷250 =100（元/条）

所以该卷烟适用消费税税率为56%。

销售卷烟应纳消费税=150 000×56% +6×150-15 000 =69 900（元）

（3）外购应税消费品（从量定额）连续生产应税消费品，其计算公式为：

$$\begin{matrix}\text{当期准予扣除的外购}\\\text{应税消费品已纳税款}\end{matrix}=\begin{matrix}\text{当期准予扣除外购}\\\text{应税消费品数量}\end{matrix}\times\begin{matrix}\text{外购应税}\\\text{消费品单位税额}\end{matrix}\times 30\%$$

当期准予扣除外购应税消费品数量=期初库存外购应税消费品数量+当期购进外购应税消费品数量-期末库存外购应税消费品数量

提示：

此处外购应税消费品单位税额乘以30%，是因为石脑油和润滑油目前规定暂按应纳税额的30%征收消费税。

【例3-12】某炼油厂5月份销售无铅汽油5 000万升、含铅汽油1 000万升、柴油2 000万升，进口无铅汽油1 000万升。试计算该炼油厂5月份应纳消费税。

答：无铅汽油应纳税额=（5 000+1 000）×1.52=9 120（万元）

含铅汽油应纳税额=1 000×1.52=1 520（万元）

柴油应纳税额=2 000×1.2=2 400（万元）

合计应纳消费税=9 120+1 520+2 400=13 040 （万元）

3.委托加工应税消费品的税额计算

（1）税法的基本规定。委托加工的应税消费品是指由委托方提供原料和主要材料，受托方只收取加工费和代垫部分辅助材料加工的应税消费品。但下列情况均不属于委托加工：一是对于由受托方提供原材料生产的应税消费品；二是受托方先将原材料卖给委托方，然后再接受加工的应税消费品；三是由受托方以委托方名义购进原材料生产的应税消费品。

（2）应纳税额计算。委托加工的应税消费品，按照受托方的同类消费品的销售价格计算纳税；没有同类消费品销售价格的，按照组成计税价格计算纳税。

实行从价定率办法计算纳税的组成计税价格计算公式如下：

组成计税价格=（材料成本+加工费）÷（1-比例税率）

实行复合计税办法计算纳税的组成计税价格计算公式如下：

组成计税价格=（材料成本+加工费+委托加工数量×定额税率）÷（1-比例税率）

上述公式中“材料成本”是指委托方所提供的加工材料的实际成本。委托加工应税消费品的纳税人，必须在委托加工合同上如实注明（或以其他方式提供）材料成本，凡未提供材料成本的，受托方主管税务机关有权核定其材料成本。“加工费”是指受托方加工应税消费品向委托方收取的全部费用（包括代垫辅助材料的实际成本）。

【例3-13】某企业从农业生产者手中收购玉米50吨，每吨收购价3 000元，共计支付收购价款150 000元。企业将收购的玉米从收购地直接运往异地的某酒厂生产加工白酒，酒厂在加工过程中代垫辅助材料款16 000元。白酒加工完毕，企业共收回白酒100吨，取得酒厂开具的增值税专用发票，注明加工费30 000元、增值税税额130 000元。加工的白酒当地无同类产品市场价格，则该项业务中酒厂为白酒消费税的代收代缴义务人，酒厂应代收代缴的消费税为：

组成计税价格=［150 000×（1-9%）+30 000+16 000+100×2 000×0.5］÷（1-20%）

=353 125（元）

应代收代缴消费税=353 125×20% +100×2 000×0.5=170 625（元）

4.委托加工连续生产应税消费品应纳消费税的计算

（1）税法的基本规定。委托加工应税消费品收回后，直接销售或视同销售的不纳消费税；但用于连续生产应税消费品的，计算征税时，准予按当期生产领用数量计算扣除委托加工应税消费品已纳的税款。用委托加工收回的应税消费品连续生产应税消费品准予抵扣税款的范围，仅限于以下10个方面：

①以委托加工收回已税烟丝为原料生产的卷烟。

②以委托加工收回的已税高档化妆品为原料生产的高档化妆品。

③以委托加工收回已税珠宝玉石为原料生产的贵重首饰及珠宝玉石。

④以委托加工收回已税鞭炮、焰火为原料生产的鞭炮、焰火。

⑤以委托加工收回已税杆头、杆身和握把为原料生产的高尔夫球杆。

⑥以委托加工收回已税木制一次性筷子为原料生产的木制一次性筷子。

⑦以委托加工收回已税实木地板为原料生产的实木地板。

⑧以委托加工收回已税石脑油为原料生产的应税消费品。

⑨以委托加工收回已税润滑油为原料生产的润滑油。

⑩以委托加工收回已税汽油、柴油为原料生产的甲醇汽油、生物柴油。

需要注意的是：纳税人用委托加工已税珠宝玉石生产的改在零售环节征收消费税的金银首饰（镶嵌首饰）、钻石及钻石饰品，在计税时一律不得扣除委托加工已税珠宝玉石的已纳税款。

（2）应纳税额的计算。其计算公式为：

$$\text{当期准予扣除的委托加工应税消费品已纳税款}=\text{期初库存的委托加工应税消费品已纳税款}+\text{当期收回的委托加工应税消费品已纳税款}-\text{期末库存的委托加工应税消费品已纳税款}$$

【例3-14】某卷烟厂委托某烟丝加工厂（小规模纳税人）加工一批烟丝，卷烟厂提供的烟叶在委托加工合同上注明成本8万元。烟丝加工完，卷烟厂提货时，加工厂收取加工费，开具的普通发票上注明金额1.229万元，并代收代缴了烟丝的消费税。卷烟厂将这批加工收回的烟丝的50%对外直接销售，收入6.5万元；另外50%当月全部用于生产卷烟。本月销售卷烟40标准箱，取得不含税收入60万元。则该厂销售卷烟应纳消费税为：

受托方代收代缴的消费税=［8+1.229÷（1+13%）］×30%=2.726（万元）

销售卷烟适用税率=600 000÷40÷（50 000÷200）=60（元/条）

该卷烟适用从价消费税税率36%，则：

销售卷烟应纳消费税=60×36% +40×150÷10 000−2.726÷2=20.837（万元）

5.进口应税消费品的应纳税额计算

（1）从价定率法应纳税额的计算。应税消费品报关进口后还没有实现销售的，不能根据实际销售收入征税，如果以关税完税价格为计税依据，就会使进口应税消费品与国内生产的同种应税消费品的计税依据不一致，从而使进口应税消费品的税负低于国内生产的同种应税消费品的税负。因此，税法规定对进口应税消费品按其组成计税价格征收消费税。

其组成计税价格的计算公式为：

组成计税价格=［关税完税价格×（1+关税税率）］÷（1-消费税税率）

应纳税额=组成计税价格×适用税率

上述公式中的“关税完税价格”，又称到岸价格，是指经海关核定的关税计税价格，即确定的货物在采购地的正常批发价格，加上运抵我国输入口岸起卸前的包装费、运费、保险费、手续费等一切费用之和。进口货物在采购地的正常批发价格海关未能确定的，则到岸价格由海关估定。

【例3-15】某公司从境外进口一批高档化妆品，经海关核定，关税完税价格为54 000元，进口关税税率为25%，消费税税率为15%。则应纳消费税为：

应纳消费税=54 000×（1+25%）÷（1-15%）×15%=11 911.76（元）

（2）从量定额法应纳税额的计算。对进口应税消费品实行从量定额计算征收消费税的，其计税依据是进口应税消费品数量。基本计算公式为：

应纳税额=进口的应税消费品数量×单位税额

【例3-16】某啤酒厂从境外进口啤酒10吨，经海关核定，关税完税价格为68 000元，税务机关核定的消费税单位税额为220元/吨，则应纳消费税为：

应纳消费税=10×220=2 200（元）

（3）复合计征法应纳税额的计算。对进口应税消费品实行从价定率和从量定额复合计算征收消费税的，其计税依据是进口应税消费品组成计税价格和进口数量。基本计算公式为：

应纳税额=组成计税价格×比例税率+应税消费品数量×单位税额

组成计税价格=（关税完税价格+关税+进口数量×消费税定额税率）÷（1-消费税比例税率）

【例3-17】中秋节前某外贸公司从境外进口粮食白酒2 000千克，该批白酒关税完税价格为13 600元，关税税率为15%。则上述业务应纳消费税为：

组成计税价格=［13 600×（1+15%）+2 000×2×0.5］÷（1-20%）=22 050（元）

应纳消费税=22 050×20%+2 000×2×0.5=6 410（元）

6.消费税应纳税额计算的其他规定

（1）组成套装销售应税消费品的计税规定。纳税人将自产的应税消费品与外购或自产的非应税消费品组成套装销售的，以套装产品的销售额（不含增值税）为计税依据计算征收消费税。

（2）应税消费品用于投资入股等的计税规定。纳税人应税消费品用于投资入股和抵偿债务，以及换取生产资料和消费资料等方面的，应按纳税人同类应税消费品的最高销售价格计算征收消费税。

（3）非独立核算机构销售应税消费品的计税规定。纳税人通过自设非独立核算门市部销售的自产应税消费品，应按照门市部对外销售额或销售数量计算征收消费税。

五、消费税的出口退税

出口退税是一个国家或地区对已报关离境的出口货物，由税务机关根据本国税法的规定，将其在出口前生产和流通各环节已经缴纳的国内增值税或消费税等间接税税款，退还给出口企业的一项税收制度，其目的是使出口商品以不含税价格进入国际市场，避免对跨国流通物品重复征税，从而促进该国家和地区的对外出口贸易。纳税人出口应税消费品，国家给予了退（免）税优惠。

1.退税税率的确定

计算出口应税消费品应退消费税的税率或单位税额，依据消费税税目税率表执行。企业应将不同消费税税率的出口应税消费品分开核算和申报。凡划分不清适用税率的，一律从低适用税率计算应退消费税税额。

2.出口应税消费品退（免）消费税政策

出口应税消费品退（免）消费税在政策上分为以下三种情况：

（1）出口免税并退税。适用这个政策的是：有出口经营权的外贸企业购进应税消费品直接出口，以及外贸企业受其他外贸企业委托代理出口应税消费品。外贸企业受其他企业委托，代理出口应税消费品不予退（免）税。

（2）出口免税但不退税。适用这个政策的是：有出口经营权的生产性企业自营出口或生产企业委托外贸企业代理出口自产的应税消费品，依据其实际出口数量免征消费税，不予办理退还消费税。因为免征生产环节的消费税，该应税消费品出口时，已不含有消费税，也无须办理退还消费税。

（3）出口不免税也不退税。适用这个政策的是：除生产企业、外贸企业以外的其他企业，具体是指一般商贸企业，这类企业委托外贸企业代理出口应税消费品一律不予退（免）税。

3.出口应税消费品退税的计算

外贸企业从生产企业购进货物直接出口或受其他外贸企业委托代理出口应税消费品的应退消费税税款，分两种情况处理：

（1）属于从价计征消费税的应税消费品，应依照外贸企业从工厂购进货物时征收消费税的价格计算应退消费税税款，其公式是：

应退消费税税款=出口货物的工厂销售额×税率

上述公式中“出口货物的工厂销售额”应不含增值税。凡出口企业从小规模纳税人购进的货物出口，一律凭增值税专用发票（必须是增值税防伪税控开票系统或防伪税控代开票系统开具的增值税专用发票）及有关凭证办理退税。小规模纳税人向出口企业销售这些产品，可到税务机关代开增值税专用发票。

【例3-18】某外贸公司3月从生产企业购入高档化妆品一批，取得的专用发票上注明的价款为25万元、增值税3.25万元，支付购买高档化妆品的运输费用3万元，当月将该批高档化妆品全部出口取得销售收入35万元。该外贸公司出口高档化妆品应退消费税和增值税为（增值税退税率11%）：

应退消费税= 25 ×15%=3.75（万元）

应退增值税= 25×11%=2.75（万元）

（2）属于从量定额计征消费税的应税消费品，应以货物购进和报关出口的数量计算应退消费税税款，其公式为：

应退消费税税款=出口数量×单位税额

4.出口应税消费品办理退（免）税后的管理

出口的应税消费品办理退税后，发生退关，或者国外退货在进口时予以免税的，报关出口者必须及时向其所在地主管税务机关申报补缴已退的消费税税款。

纳税人直接出口的应税消费品办理免税后发生退关或国外退货，进口时已予以免税的，经所在地主管税务机关批准，可暂时不办理补税，待其转为国内销售时，再向主管税务机关申报补缴消费税。

任务四　熟悉消费税的减税、免税和征收管理

一、消费税的减税、免税

由于消费税的应税消费品一般是非生活必需品或资源类消费品，购买应税消费品的消费者一般具有较高的收入水平和消费能力，也就是说，不具备一定收入水平的消费者，一般不会发生购买消费品的行为，因而也不负担消费税税款。为此，本着量能负担、公平税负的原则，并确保财政收入，充分发挥消费税特殊调节作用，限制特殊的消费需求，消费税一般不实行减免税，但对下列情况给予一定减免。

（1）航空煤油暂缓征收消费税。

（2）子午线轮胎免征消费税。

二、消费税的征收管理

1.消费税的纳税义务发生时间

（1）纳税人销售应税消费品的纳税义务发生时间。

①纳税人采取赊销和分期收款结算方式的，其纳税义务发生时间为发出应税消费品的当天。

②纳税人采取预收货款结算方式的，其纳税义务发生时间为发出应税消费品的当天。

③纳税人采取托收承付和委托银行收款方式的，其纳税义务发生时间为发出应税消费品并办妥托收手续的当天。

④纳税人采取其他结算方式的，其纳税义务发生时间为收讫销售款或者取得索

取销售款凭据的当天。

（2）纳税人自产自用的应税消费品，其纳税义务发生时间为移送使用的当天。

（3）纳税人委托加工的应税消费品，其纳税义务发生时间为纳税人提货的当天。

（4）纳税人进口的应税消费品，其纳税义务发生时间为报关进口的当天。

2. 消费税的纳税期限

消费税的纳税期限分别为1日、3日、5日、10日、15日、1个月或者1个季度。纳税人具体的纳税期限，由主管税务机关根据纳税人的应纳税额大小分别核定；不能按照固定期限纳税的，可以按次纳税。

纳税人以1个月为一期纳税的，自期满之日起15日内申报纳税；以1日、3日、5日、10日、15日为一期纳税的，自期满之日起5日内预缴税款，于次月1日起15日内申报纳税并结清上月应纳税款。

纳税人进口应税消费品，应当自海关填发税款缴纳证之日起15日内缴纳税款。

三、消费税的纳税地点

纳税人生产销售、委托加工应税消费品，一律都应向纳税人的核算地或生产所在地的主管税务机关纳税，进口应税消费品则应向海关纳税。具体如下：

（1）纳税人销售自产的应税消费品以及自用自产的应税消费品，除国家另有规定外，应当向纳税人核算地主管税务机关申报纳税。

（2）委托加工的应税消费品，由受托方向所在地主管税务机关解缴消费税税款。

（3）进口的应税消费品，由进口人或者其代理人向报关地海关申报纳税。

（4）纳税人到外县（市）销售或委托外县（市）代销自产应税消费品的，于应税消费品销售后，回纳税人所在地缴纳消费税。

（5）纳税人的总机构与分支机构不在同一县（市）的，应在生产应税消费品的分支机构所在地缴纳消费税。但经国家税务总局及所属税务分局批准，纳税人分支机构应纳消费税税款也可由总机构汇总向总机构所在地主管税务机关缴纳。

（6）纳税人销售的应税消费品，如因质量等原因由购买者退回时，经所在地主管税务机关审核批准后，可退还已征收的消费税税款，但不能自行直接抵减应纳税款。

想一想

1. 制定消费税征税范围的原则是什么？具体包括哪些应税消费品？

2. 试分析委托加工烟丝的委托方和受托方双方应纳哪种流转税？并说明计税依据的确定方法。

3. 利用外购已税消费品连续生产应税消费品，在对连续生产出的应税消费品征税时，应采取什么办法避免重复征税？介绍该办法的适用范围和适用条件。

4. 简要说明消费税的减免税政策。

项目小结

◆消费税是对我国境内从事生产、委托加工和进口应税消费品的单位和个人，就其销售额或销售数量，委托加工和进口时就其收回或进口的金额（数量），在特定环节征收的一种税。

◆了解消费税基本法律，包括消费税的征税范围，消费税的纳税人，消费税的纳税环节，消费税的税目、税率。

◆掌握消费税计税管理：实行从价定率法应纳税额的计算，应纳税额=销售额×比例税率；实行从量定额法应纳税额的计算，应纳税额=销售数量×定额税率；实行复合计税法应纳税额的计算，应纳税额=销售额×比例税率+销售数量×定额税率；消费税应纳税额计算的特殊规定；消费税的出口退税。

◆熟悉消费税的减税、免税和征收管理包括：消费税的减税、免税；消费税的征收管理；消费税的纳税地点。

项目测试

一、判断题

1. 下列哪些是消费税的应税消费品（税目）？

（1）高档服装 （ ）

（2）高粱酒 （ ）

（3）木薯酒 （ ）

（4）汽水 （ ）

（5）普通手表 （ ）

（6）木筷子 （ ）

（7）竹筷子 （ ）

（8）汽油 （ ）

（9）火车 （ ）

（10）烟花 （ ）

（11）电动单车 （ ）

（12）自来水 （ ）

（13）轮胎 （ ）

（14）桌球 （ ）

（15）高尔夫球 （ ）

（16）卷烟 （ ）
（17）指甲油 （ ）
（18）胭脂 （ ）
（19）假睫毛 （ ）
（20）飞机 （ ）

2.下列经济行为哪些要交消费税？

（1）大宝日化公司销售其生产的化妆品。 （ ）
（2）金诚商厦销售化妆品。 （ ）
（3）茅台酒股份有限公司销售其生产的茅台酒。 （ ）
（4）茅台酒专卖店销售茅台酒。 （ ）
（5）黄金公司生产销售黄金首饰。 （ ）
（6）周大福金银首饰店销售金银首饰。 （ ）
（7）韦小宝进出口公司进口汽车轮胎一批。 （ ）
（8）五金公司销售进口涂料一批。 （ ）

二、单项选择题

1.根据《中华人民共和国消费税暂行条例》的规定，下列各项中，不属于消费税征收范围的是（ ）。

A.电池 B.游艇 C.高档手机 D.高尔夫球及球具

2.某酒业公司（增值税一般纳税人）向某农场购买酿酒用小麦2 000千克，支付价款5 000元。根据规定，该酒业公司准予抵扣的进项税额为（ ）元。

A.850 B.450 C.500 D.650

3.某酒厂为一般纳税人。3月份向一小规模纳税人销售白酒，开具的普通发票上注明含税金额为90 400元；同时收取包装物押金2 000元，此业务酒厂应计算的销项税额为（ ）元。

A.13 600 B.10 630.09 C.15 011.32 D.15 301.92

4.某酒厂为增值税一般纳税人。2020年4月销售粮食白酒4 000斤，取得销售收入13 560元（含增值税）。已知粮食白酒消费税定额税率为0.5元/斤，比例税率为20%。该酒厂4月应缴纳的消费税税额为（ ）元。

A.6 229.92 B.5 510 C.4 400 D.4 000

5.根据《中华人民共和国消费税暂行条例》的规定，下列各项中，属于在零售环节缴纳消费税的是（ ）。

A.高档手表 B.鞭炮 C.成品油 D.钻石

三、多项选择题

1.根据《中华人民共和国消费税暂行条例》的规定，对部分应税消费品实行从量定额和从价定率相结合的复合计税办法。下列各项中，属于实行复合计税办法的消费品有（ ）。

A.卷烟　　B.烟丝　　C.粮食白酒　　D.薯类白酒

2.下列属于我国消费税税目的有（　　）。

A.化妆品　　B.手表　　C.一次性木筷子　　D.实木地板

3.根据《中华人民共和国消费税暂行条例》的规定，消费税的税率形式有（　　）。

A.比例税率　　B.定额税率　　C.超额累进税率　　D.超率累进税率

四、计算题

1.宏胜酒厂是增值税一般纳税人，地处县城，主要生产粮食白酒和啤酒。2020年5月发生如下经济业务：

（1）5月3日，销售瓶装白酒5吨，每吨不含税售价30 000元，收取包装物押金6 000元；销售散装白酒2吨，每吨不含税售价8 500元，包装物押金4 000元，货款均已收到。

（2）5月8日，销售啤酒50吨，每吨出厂价（不含增值税）2 800元，已开具增值税专用发票。

（3）5月15日，委托某酒厂（地处市区）为其加工酒精，提供的原材料成本180 000元，另支付加工费50 000元，该酒厂没有同类酒精销售价格，共收回酒精15吨，部分用于销售，部分用于连续生产瓶装白酒；本月生产瓶装白酒6吨，耗用酒精5吨，本月已销售瓶装白酒2吨，每吨不含税单价36 000元，已开具专用发票；本月销售委托加工收回的酒精6吨，每吨不含税单价28 000元，已开具专用发票，货款已收到。

（4）本月专门生产一种白酒发给职工，共2吨，无同类产品销售价格，已知总成本10 000元，酒精成本利润率为5%。

根据以上资料，计算宏胜酒厂5月份应纳的消费税（含委托方代收代缴金额）。

2.某摩托车生产企业为增值税一般纳税人，6月通过销售门市部以每辆8 190元的零售价，销售某型号摩托车20辆，则该摩托车计税销售额为多少。

3.某酒厂为增值税一般纳税人，主要从事粮食白酒的生产和销售业务。2020年1月该厂发生以下经济业务：

（1）5日向农户购进免税粮食，开具的农业产品收购发票上注明的价款为50 000元，货款以现金支付。

（2）10日外购一批包装材料，取得的专用发票上注明的价款为150 000元，增值税税额为19 500元，货款已付。

（3）26日销售粮食白酒5吨，不含增值税的销售价格为60元/斤，另外向购货方收取包装物租金23 400元，款项已收讫。

已知：粮食白酒适用的增值税税率为13%；粮食白酒适用的消费税比例税率为20%，定额税率为0.5元/斤；免税粮食增值税的扣除率为9%；1月末该酒厂增值税留抵税额为零；增值税专用发票已经向税务机关认定或选择抵扣，1吨=2 000斤。

要求：请计算该酒厂当月应缴纳的消费税和增值税。

课后拓展

关注新媒体平台，获取税收领域最新的观点、方法、技巧，了解税费计算与缴纳的前沿资讯。

微信公众号“中国会计视野”是上海国家会计学院旗下的新媒体平台，是了解会计、审计、税务、评估等相关专业领域的最佳网站之一。该平台开设了“学习交流”“精品课程”“联系我们”三个栏目，下设“财会论坛”“会计做账实操”“纳税申报实操”“财务报表分析”“会计分录入门”等子栏目。在微信公众账号中搜索“esnaicom”或用手机扫描二维码即可关注。

项目四

掌握企业所得税计算与缴纳

学习目标

◆ 知识目标

1. 理解企业所得税的纳税人、征税范围及税率。
2. 理解居民企业和非居民企业的划分标准、范围和纳税义务。
3. 理解企业所得税的税收优惠政策。

◆ 技能目标

1. 掌握应税收入、准予扣除项目和不得扣除项目的内容。
2. 掌握应纳税所得额的确定和应纳税额的计算。
3. 理解企业所得税的税收优惠政策。

引导案例

兴天企业的经理在看完年度会计报表后，发现当年企业亏损40万元，居然还缴纳了15万元的所得税。经理沉不住气了，问财务经理：企业已经亏损了，为什么还要缴这么多的税，所得税不是要有所得才缴纳吗？

任务一 认识企业所得税

企业所得税是对企业生产经营所得和其他所得征收的一种税。

为了进一步贯彻对外开放的政策和利用外资，1991年4月9日，第七届全国人民代表大会第四次会议将《中华人民共和国中外合资经营企业所得税法》和《中华人民共和国外国企业所得税法》合并，制定了《中华人民共和国外商投资企业和外国企业所得税法》。而我国内资企业形成了按所有制形式设置企业所得税的格局。为了适应社会主义市场经济的需求、公平税负、促进竞争，国务院于1993年12月13日将国营企业所得税、国营企业调节税、集体企业所得税和私营企业所得税合并，制定了《中华人民共和国企业所得税暂行条例》，自1994年1月起实施。1994年税制改革后，根据发展经济、深化改革、扩大开放的要求，1996年3月17日，第八届全国人民代表大会第四次会议明确提出统一内外资企业所得税。历经11年，2007年3月16日，第十届全国人民代表大会第五次会议通过了《中华人民共和国企业所得税法》，并于2008年1月起实施，成为企业所得税发展史上的一个里程碑。

一、纳税人

在中华人民共和国境内，企业和其他取得收入的组织为企业所得税的纳税人。企业所得税的纳税人具体包括国有企业、集体企业、私营企业（不包括个人独资企业、合伙企业）、联营企业、股份制企业、外商投资企业、外国企业和其他组织等。

我国以企业注册地和实际管理机构为标准，将企业分为居民企业和非居民企业。居民企业是依法在中国境内成立，或者依照外国法律成立但实际管理机构在中国境内的企业。非居民企业是依照外国法律成立且实际管理不在中国境内，但在中国境内设立机构、场所的，或者在中国境内未设立机构、场所，但有来源于中国境内所得的企业。

二、征税对象

企业所得税的征税对象包括销售货物所得、提供劳务所得、转让财产所得、股息红利等权益性投资所得、利息所得、租金所得、特许权使用费所得、接受捐赠所得和其他所得。

其中：居民企业就其源于中国境内、境外的所得缴纳企业所得税。非居民企业仅就其来源于中国境内所得部分纳税。具体为：（1）非居民企业在中国境内设立机构、场所的，应当就其机构、场所取得的来源于中国境内的所得，以及发生在中国境外但与其所设机构、场所有实际联系的所得，缴纳企业所得税。（2）非居民企业在中国境内未设立机构、场所的，或者虽设立机构、场所但取得的所得与其所设机构、场所没有实际联系的，应当就其来源于中国境内的所得缴纳企业所得税。

小知识

居民企业和非居民企业的划分与税收管辖权相关。

三、所得来源地的确定

来源于中国境内、境外的所得，按以下原则确定：

（1）销售货物所得，按照交易活动发生地确定；

（2）提供劳务所得，按照劳务发生地确定；

（3）转让财产所得：不动产转让所得按照不动产所在地确定，动产转让所得按照转让动产的企业或者机构、场所所在地确定，权益性投资资产转让所得按照被投资企业所在地确定；

（4）股息、红利等权益性投资所得，按照分配所得的企业所在地确定；

（5）利息所得、租金所得、特许权使用费所得，按照负担、支付所得的企业或者机构、场所所在地确定，或者按照负担、支付所得的个人的住所地确定；

（6）其他所得，由国务院、税务主管部门确定。

四、税率

企业所得税实行比例税率。

居民企业以及在中国境内设立机构、场所且取得的所得与其所设机构、场所有实际联系的非居民企业，适用税率为25%。非居民企业在中国境内未设立机构、场所的，或者虽设立机构、场所但取得的所得与其所设机构、场所没有实际联系的，适用税率为20%。

小知识

中国政府凭借地域税收管辖权对非居民企业征收的企业所得税，称为预提所得税，规定适用税率为20%，减按10%的税率征收。

任务二 了解企业所得税应纳税所得额的确定

企业所得税的计税依据是应纳税所得额。应纳税所得额是企业每一纳税年度的收入总额，减除不征税收入、免税收入、各项扣除以及允许弥补的以前年度亏损后的余额。计算公式为：

应纳税所得额=收入总额-不征税收入-免税收入-扣除额-允许弥补的以前年度亏损

应注意的是，应纳税所得额与会计利润是两个不同的概念。两者既有区别又有联系。应纳税所得额是一个税收概念，是按税法规定的标准确定的、纳税人在一定时期内应缴纳企业所得税的依据。会计利润是一个会计概念，是按财务会计制度核算的，反映企业在一定时期生产经营的成果。两者往往是不一致的。会计利润需要根据税法的规定进行相应调整后，才能作为应纳税所得额。

一、收入总额的确定

1.收入总额

纳税人以货币形式和非货币形式从各种来源取得的收入为收入总额，具体包括：

（1）销售货物收入，是指企业销售商品、产品、原材料、包装物、低值易耗品以及其他存货取得的收入。

（2）提供劳务收入，是指企业从事建筑安装、修理修配、交通运输、仓储租赁、金融保险、邮电通信、咨询经纪、文化体育、科学研究、技术研究、技术服务、教育培训、餐饮住宿、中介代理、卫生保健、社区服务、旅游、娱乐、加工以及其他劳务服务活动取得的收入。

（3）转让财产收入，是指企业转让固定资产、生物资产、无形资产、股权、债权等财产取得的收入。

（4）股息、红利等权益性投资收益，是指企业因权益性投资从被投资方取得的收入。

（5）利息收入，是指企业将资产提供给他人使用但不构成权益性投资，或者因他人占用本企业资金取得的收入，包括存款利息、贷款利息、债券利息、欠款利息等收入。

（6）租金收入，是指企业提供固定资产、包装物或者其他有形资产的使用权取得的收入。

（7）特许权使用费收入，是指企业提供专利权、非专利技术、商标权、著作权以及其他特许权的使用而取得的收入。

（8）接受捐赠收入，是指企业接受的来自其他企业、组织或者个人无偿给予的货币性资产、非货币性资产。

（9）其他收入，是企业取得《企业所得税法》具体列举的收入外的其他收入，包括企业资产溢余收入、逾期未退包装物押金收入、确实无法偿付的应付款项、已作坏账损失处理后又收回的应收款项、债务重组收入、补贴收入、违约金收入、汇兑收益等。

2.不征税收入

收入总额中的下列收入为不征税收入：

（1）财政拨款，是指各级政府对纳入预算管理的事业单位、社会团体等组织拨付的财政资金，但国务院财政、税务主管部门另有规定的除外。

（2）依法收取并纳入财政管理的行政事业性收费、政府性基金，其中行政事业性收费是企业依照国务院规定程序批准，在实施社会公共管理以及在向公民、法人或者其他组织提供特定公共服务过程中，向特定对象收取并纳入财政管理的费用。政府性基金是企业按照有关规定，代政府收取的具有专项用途的财政资金。

（3）国务院规定的其他不征税收入。

3.免税收入

收入总额中的下列收入为免税收入：

（1）国债利息收入。

（2）符合条件的居民企业之间的股息、红利等权益性投资收益。

（3）在中国境内设立机构、场所的非居民企业从居民企业取得的与该机构、场所有实际联系的股息、红利等权益性投资收益；上述第二项和第三项中的权益性投资收益不包括连续持有居民企业公开发行并上市流通的股票不足12个月的投资收益。

（4）符合条件的非营利组织的收入。

二、扣除项目

1.准予扣除的范围

企业实际发生的与取得收入有关的、合理的支出，包括成本、费用、税金、损失和其他支出，准予在计算应纳税所得额时扣除。

这里的成本是企业在生产经营活动中发生的销售成本、业务支出以及其他耗费。费用是企业在生产经营活动中发生的销售费用、管理费用和财务费用。税金是企业发生的除企业所得税和允许抵扣的增值税以外的各项税金及附加。损失是企业在生产经营活动中发生的固定资产和存货的盘亏、毁损、报废损失，转让财产损失、呆账损失、坏账损失、自然灾害等不可抗力因素造成的损失以及其他损失。

2.准予扣除的项目和标准

在计算应纳税所得额时，下列项目可按照实际发生额或规定的标准扣除。

（1）工资、薪金支出。企业发生的合理的工资薪金支出，准予扣除。工资薪金是指企业每一纳税年度支付给在本企业任职或者受雇的员工的所有现金和非现金形式的劳动报酬，包括基本工资、奖金、津贴、补贴、年终加薪、加班工资，以及与任职或者受雇有关的其他支出。

（2）职工福利费、职工工会经费、职工教育经费。企业发生的职工福利费、职工工会经费、职工教育经费按标准扣除，未超过标准的按实际数扣除，超过标准的只能按标准扣除。

企业发生的职工福利费支出，不超过工资薪金总额14%的部分，准予扣除；企业拨缴的工会经费，不超过工资薪金总额2%的部分，准予扣除；企业发生的职工教育经费支出，不超过工资薪金总额8%的部分，准予扣除，超过部分，准予在以后纳税年度结转扣除。

（3）基本社会保险费和住房公积金。企业按规定的标准和范围为职工缴纳的养老保险费、医疗保险费、失业保险费、工伤保险费、生育保险费等基本社会保险费和住房公积金，准予扣除。企业为投资者或者职工支付的补充养老保险费、补充医疗保险费，在规定的标准和范围内，准予扣除。

除企业依照有关规定为特殊工种职工支付的人身安全保险费和可以扣除的其他商业保险费外，企业为投资者或者职工支付的商业保险费，不得扣除。

（4）借款费用。企业在生产经营活动中发生的合理的、不需要资本化的借款费用，准予扣除。

企业为购置、建造固定资产、无形资产和经过12个月以上的建造才能达到预定可销售状态的存货发生借款的，在有关资产购置、建造期间发生的合理的借款费用，应予以资本化，作为资本性支出计入有关资产的成本；有关资产交付使用后发生的借款利息，可在发生当期扣除。

（5）利息费用。企业在生产经营活动中发生的下列支出，准予扣除：①非金融企业向金融企业借款的利息支出、金融企业的各项存款利息支出和同业拆借利息支出、企业经批准发行债券的利息支出可据实扣除；②非金融企业向非金融企业借款的利息支出，不超过按照金融企业同期同类贷款利率计算的数额的部分可据实扣除，超过部分不允许扣除。

【例4-1】兴天企业向其他企业拆借生产经营所需的资金100万元，一年支付利息15万元（同期银行贷款利率为8%），请问企业在计算应纳税所得额时允许扣除的借款费用利息是多少？

答：允许扣除的借款费用利息=100×8%=8（万元）

实际发生的借款费用利息为15万元，允许扣除的借款费用利息为8万元，差额7万元作为纳税调整增加项目金额处理。

（6）业务招待费。企业发生的与生产经营活动有关的业务招待费支出，按照发生额的60%扣除，但最高不得超过当年销售（营业）收入的5‰。

企业在筹建期间，发生的与筹办活动有关的业务招待费支出，可按实际发生额的60%计入企业筹办费，并按有关规定在税前扣除。

【例4-2】兴天企业2018年的销售收入为1 600万元，实际发生的业务招待费为15万元。请问企业在计算应纳税所得额时允许扣除的业务招待费是多少？

答：按业务招待费实际发生额60%计算扣除额=15×60%=9（万元）

按营业收入5‰计算扣除限额=1 600×5‰=8（万元）

因为9万元大于8万元，所以允许扣除的业务招待费为8万元。实际发生的业务招待费15万元和允许扣除的业务招待费8万元之间的差额7万元作为纳税调整增加项目金额处理。

若该企业实际发生的业务招待费为10万元，请问又如何处理？

答：按业务招待费实际发生额60%计算扣除额=10×60%=6（万元）

按营业收入5‰计算扣除限额=1 600×5‰=8（万元）

因为6万元小于8万元，所以允许扣除的业务招待费为6万元。实际发生的业务招待费10万元和允许扣除的业务招待费6万元之间的差额4万元作为纳税调整增加项目金额处理。

（7）汇兑损失。企业在货币交易中以及纳税年度终了时，将人民币以外的货币性资产、负债按照期末即期人民币汇率中间价折算为人民币时产生的汇兑损失，除已经计入有关资产成本以及与向所有者进行利润分配相关的部分外，准予扣除。

（8）广告费和业务宣传费。企业发生的符合条件的广告费和业务宣传费，除国务院财政、税务主管部门另有规定外，不超过当年销售（营业）收入15%的部分，准予扣除；超过部分，准予在以后纳税年度结转扣除。企业在筹建期间，发生的广告费和业务宣传费，可按实际发生额计入企业筹办费，并按有关规定在税前扣除。

自2016年1月1日起至2020年12月31日，对化妆品制造或销售、医药制造和饮料制造（不含酒类制造）企业发生的广告费和业务宣传费支出，不超过当年销售（营业）收入30%的部分，准予扣除；超过部分，准予在以后纳税年度结转扣除。

烟草企业的烟草广告费和业务宣传费支出，一律不得在计算应纳税所得额时扣除。

【例4-3】兴天企业2018年的销售收入为1 600万元，当年发生的广告费支出为250万元。请问企业在计算应纳税所得额时允许扣除的广告费限额是多少？

答：允许扣除的广告费限额=1 600×15%=240（万元）

因为250万元大于240万元，所以广告费的扣除限额为240万元，超出标准的10万元在以后年度结转。

（9）公益性捐赠。企业发生的公益性捐赠支出，不超过年度利润总额12%的部分，准予扣除；超过年度利润总额12%的部分，准予结转以后三年内在计算应纳税所得额时扣除。其中：年度利润总额是指企业依照国家统一会计制度的规定计算的年度会计利润。

公益性捐赠是指企业通过公益性社会团体或者县级以上人民政府及其部门和直属机关，用于慈善活动、公益事业的捐赠支出。

公益性捐赠具体范围包括：

① 救助灾害、救济贫困、扶助残疾人等困难的社会群体和个人的活动；

② 教育、科学、文化、卫生、体育事业；

③ 环境保护、社会公共设施建设；

④ 促进社会发展和进步的其他社会公共和福利事业。

【例4-4】兴天企业2018年的会计利润为200万元，当年通过红十字会向地震灾区捐款30万元。该公司可以扣除的公益性捐赠限额为多少？

答：允许扣除的捐赠限额=200×12%=24（万元）

因为实际捐赠额为30万元大于24万元，所以该公司可以扣除的公益性捐赠限额为24万元，实际捐赠额30万元和允许扣除的捐赠限额24万元之间的差额6万元作为纳税调整增加项目金额处理。

（10）环境保护专项资金。企业按照法律、行政法规有关规定提取的用于环境保护、生态恢复等方面的专项资金，准予扣除。上述专项资金提取后改变用途的，不得扣除。

（11）保险费。企业参加财产保险，按规定缴纳的保险费，准予扣除。

（12）固定资产租赁费。企业根据生产经营活动的需要租入固定资产支付的租赁费，按照以下方法扣除：①以经营租赁方式租入固定资产发生的租赁费支出，按照租赁期均匀扣除；②以融资租赁方式租入固定资产发生的租赁费支出，按照规定构成融资租入固定资产价值的部分应当提取折旧费用，分期扣除。

（13）劳动保护费。企业发生的合理的劳动保护支出，准予扣除。

（14）总机构管理费用。非居民企业在中国境内设立机构、场所，就其中国境内总机构发生的与该机构、场所生产经营有关的费用，能够提供总机构出具的费用汇集范围、定额、分配依据和方法等证明文件，并合理分摊的，准予扣除。

三、不得扣除的项目

以下项目不得扣除：

（1）向投资者支付的股息、红利等权益性投资收益款项；

（2）企业所得税款；

（3）税收滞纳金；

（4）罚金、罚款和被没收财物的损失；

（5）超过规定标准的捐赠支出；

（6）赞助支出，是指企业发生的与生产经营活动无关的各种非广告性质支出；

（7）未经核定的准备金支出，是指不符合国务院财政、税务主管部门规定的各项资产减值准备、风险准备等准备金支出；

（8）企业之间支付的管理费、企业内营业机构之间支付的租金和特许权使用费，以及非银行企业内营业机构之间支付的利息，不得扣除；

（9）与取得收入无关的其他支出。

四、资产的税务处理

1.固定资产

固定资产是指企业为生产产品、提供劳务、出租或者经营管理而持有的、使用时间超过12个月的非货币性资产，包括房屋、建筑物、机器、机械、运输工具以及其他与生产经营活动有关的设备、器具、工具等。

（1）固定资产的计税基础。

①外购的固定资产，以购买价款和支付的相关税费以及直接归属于使该资产达到预定用途发生的其他支出为计税基础。

②自行建造的固定资产，以竣工结算前发生的支出为计税基础。

③融资租入的固定资产以租赁合同约定的付款总额和承租人在签订租赁合同过程中的相关费用为计税基础。租赁合同未约定付款总额的，以该资产的公允价值和承租人在签订租赁合同过程中发生的相关费用为计税基础。

④盘盈的固定资产，以同类固定资产的重置完全价值为计税基础。

⑤通过捐赠、投资、非货币性资产交换、债务重组等方式取得的固定资产，以该资产的公允价值和支付的相关费用为计税基础。

⑥改建的固定资产，除有特殊规定的，以改建过程中发生的改建支出增加计税基础。

（2）固定资产的折旧方法。固定资产按照直线法计算的折旧，准予扣除。

企业应当自固定资产投入使用月份的次月起计算折旧；停止使用的固定资产，应当自停止使用月份的次月起停止计算折旧。

企业应当根据固定资产的性质和使用情况，合理确定固定资产的预计净残值。固定资产预计净残值一经确定，不得变更。

（3）固定资产计算折旧的最低年限。

①房屋、建筑物，为20年；

②飞机、火车、轮船、机器、机械和其他生产设备，为10年；

③与生产经营活动有关的器具、工具、家具等，为5年；

④飞机、火车、轮船以外的运输工具，为4年；

⑤电子设备，为3年。

（4）固定资产折旧的范围。下列固定资产不得计算折旧扣除：

①除房屋、建筑物以外未投入使用的固定资产；

②以经营租赁方式租入的固定资产；

③以融资租赁方式租出的固定资产；

④已足额提取折旧仍继续使用的固定资产；

⑤与经营活动无关的固定资产；

⑥单独估价作为固定资产入账的土地；

⑦其他不得计算折旧扣除的固定资产。

2.无形资产

无形资产指企业为生产产品、提供劳务、出租或者经营管理而持有的、没有实物形态的非货币性长期资产，包括专利权、商标权、著作权、土地使用权、非专利技术等。

（1）无形资产的计税基础。

①外购的无形资产，以购买价款和支付的相关税费以及直接归属于使该项资产达到预定用途发生的其他支出为计税基础。

②自行开发的无形资产，以开发过程中该资产符合资本化条件后至达到预定用途前发生的支出为计税基础。

③通过捐赠、投资、非货币性资产交换、债务重组等方式取得的无形资产，以该资产的公允价值和支付的相关税费为计税基础。

（2）无形资产的摊销。

无形资产按照直线法计算的摊销费用准予扣除。摊销年限不得低于10年。作为投资或者受让的无形资产，有关法律规定或者合同约定了使用年限的，可以按照规定或者约定的使用年限分期摊销。下列无形资产不得计算摊销费用扣除：

①自行开发的支出已在计算应纳税所得额时扣除的无形资产；

②自创商誉；

③与生产经营活动无关的无形资产；

④其他不得计算摊销费用扣除的无形资产。

3.存货

存货是指企业持有以备出售的产品或者商品，处在生产过程中的在产品、在生产或者提供劳务过程中耗用的材料和物料等。企业使用或者销售存货，按照规定计算的存货成本，准予在计算应纳税所得额时扣除。

存货的计税基础——存货按以下方法计算确定成本：

（1）通过支付现金方式取得的存货，以购买价款和支付的相关税费为成本；

（2）通过支付现金以外的方式取得的存货，以该存货的公允价值和支付的相关税费为成本。

4.投资资产

投资资产是指企业对外进行权益性投资和债权性投资形成的资产。企业对外投资期间，投资资产的成本在计算应纳税所得额时不得扣除。企业在转让或者处置投资资产时，投资资产的成本，准予扣除。

投资资产的计税基础——投资资产按照以下方法确定成本：

（1）通过支付现金方式取得的投资资产，以购买价款为成本；

（2）通过支付现金以外的方式取得的投资资产，以该资产的公允价值和支付的相关税费为成本。

5.长期待摊费用

企业发生的下列支出作为长期待摊费用，按照规定摊销的，准予扣除：

（1）已足额提取折旧的固定资产的改建支出；

（2）租入固定资产的改建支出；

（3）固定资产的大修理支出；

（4）其他应当作为长期待摊费用的支出。

6.转让资产

企业转让资产，该项资产的净值准予在计算应纳税所得额时扣除。净值是指有关资产、财产的计税基础减除已按照规定扣除的折旧、折耗、摊销、准备金等后的余额。

五、亏损弥补

企业某一纳税年度发生的亏损，可以用下一年度的所得弥补，下一年度的所得不足以弥补的，可逐年延续弥补，但最长不得超过5年。弥补期从亏损年度的次年开始计算，连续5年无论是盈利还是亏损，都作为实际弥补期限计算。

自2018年1月1日起，当年具备高新技术企业或科技型中小企业资格的企业，其具备资格年度之前5个年度发生的尚未弥补完的亏损，准予结转以后年度弥补，最长结转年限由5年延长至10年。

【例4-5】某企业2009—2018年的盈亏情况见表4-1：

表4-1　　某企业2009—2018年的盈亏情况　　单位：万元

年度	2009	2010	2011	2012	2013	2014	2015	2016	2017	2018
盈亏情况	70	-50	-80	-30	50	10	20	20	60	70

要求：说明企业如何弥补亏损，并计算企业10年的应纳税所得额。

分析：（1）企业2009年的应纳税所得额为70万元。

（2）2010年发生亏损50万元，可用2011—2015年的所得弥补，亏损到2013年弥补完。

（3）2011年发生亏损80万元，可用2012—2016年的所得弥补，亏损到2016年弥补了50万元，仍有30万元未弥补，从2017年起不得再弥补。

（4）2012年发生亏损30万元，可用2013—2017年的所得弥补，亏损到2017年弥补完，2017年盈余30万元。

（5）2018年的应纳税所得额为70万元。

答：企业10年的应纳税所得额=70+30+70=170（万元）

小知识

这里的亏损不是企业财务报表中的亏损额，而是企业财务报表中的亏损额经主管税务机关按税法的规定核实调整后的金额。

六、非居民企业应纳税所得额的确定

非居民企业在中国境内未设立机构、场所，或者虽设立机构、场所但取得的所得与其所设机构、场所没有实际联系的，应当就其来源于中国境内的所得缴纳企业所得税。这一部分所得按以下方法计算应纳税所得额：

（1）股息、红利等权益性投资收益和利息、租金、特许权使用费所得，以收入全额为应纳税所得额。

（2）转让财产所得，以收入全额减除财产净值后的余额为应纳税所得额。

（3）其他所得参照前两项规定的方法计算应纳税所得额。

任务三　掌握应纳所得税额的计算

一、居民企业应纳所得税额的计算

企业应纳税所得额乘以适用税率，减除依据有关税收优惠的规定减免和抵免的税额后的余额，为应纳税额。计算公式为：

应纳所得税额=应纳税所得额×适用税率－减免税额－抵免税额

公式中的减免税额和抵免税额是指依照企业所得税法和国务院的税收优惠规定减征、免征和抵免的应纳税额。

1.直接计算法

在直接计算法下，应纳税所得额是企业每一纳税年度的收入总额，减除不征税收入、免税收入、各项扣除以及允许弥补的以前年度亏损后的余额。其计算公式为：

应纳税所得额=收入总额－不征税收入－免税收入－扣除额－允许弥补的以前年度亏损

【例4-6】兴天公司2018年全年产品销售收入为6 000万元，其他业务收入为500万元；发生的产品销售成本为4 000万元，其他业务成本300万元；缴纳增值税700万元；缴纳消费税、城市维护建设税、教育费附加等税金及附加350万元；发生财务费用260万元；发生管理费用600万元，其中发生业务招待费50万元；发生销售费用380万元；营业外支出150万元，其中通过希望工程基金会向贫困地区捐款60万元；取得国债利息收入10万元。

要求：计算该公司当年应纳所得税额。

答：（1）业务招待费。

按业务招待费实际发生额的60%计算扣除额=50×60%=30（万元）

按营业收入的5‰计算扣除额=（6 000+500）×5‰=32.5（万元）

纳税调整增加项目金额=50－30=20（万元）

（2）捐赠限额。

会计利润=6 000+500－4 000－300－350－260－600－380－150+10=470（万元）

允许扣除的捐赠限额=470×12%=56.4（万元）

纳税调整增加项目金额=60－56.4=3.6（万元）

（3）国债利息收入免税。

应纳税所得额=6 000+500－4 000－300－350－260－（600－20）－380－（150－3.6）=483.6（万元）

应纳所得税额=483.6×25%=120.9（万元）

2.间接计算法

在间接计算法下，应纳税所得额是在会计利润的基础上加或减按照税法规定的调整项目金额。计算公式如下：

应纳税所得额=会计利润+纳税调整增加项目金额−纳税调整减少项目金额

【例4-7】兴天公司2018年实现的利润总额为900万元。税务机关对该公司有关账册进行审查，发现以下情况：（1）支付职工工资总额400万元；（2）提取职工工会经费8万元、职工教育经费6万元，实际发生职工福利费56万元；（3）向非金融机构支付借款利息10万元（借款金额100万元，金融机构同期贷款利率为6%）；（4）国库券利息收入27万元；（5）支付未履行合同的违约金2万元、违法经营罚款4万元；（6）发生非广告性质的赞助支出16万元。

要求：计算该公司当年应纳所得税额。

分析：（1）支付职工工资和（2）提取的工会经费和职工教育经费，以及实际发生的职工福利费符合规定，准予扣除。

（3）借款利息。

允许扣除的借款利息=100×6%=6（万元）

纳税调整增加项目金额=10−6=4（万元）

（4）国库券的利息收入不纳税，应作为纳税调整减少项目金额。

（5）未履行合同的违约金允许税前扣除，违法经营的罚款不允许税前扣除，应作为纳税调整增加项目金额。

（6）非广告性质的赞助支出不允许税前列支，应作为纳税调整增加项目金额。

答：应纳税所得额=900+4+4+16−27=897（万元）

应纳所得税额=897×25%=224.25（万元）

二、居民企业核定征收应纳税额的计算

居民企业有下列情形之一的，核定征收企业所得税：

（1）依照法律、行政法规的规定可以不设置账簿的；

（2）依照法律、行政法规的规定应当设置但未设置账簿的；

（3）擅自销毁账簿或者拒不提供纳税资料的；

（4）虽设置账簿，但账目混乱或者成本资料、收入凭证、费用凭证残缺不全，难以查账的；

（5）发生纳税义务，未按照规定的纳税期限办理纳税申报，经税务机关责令限期申报，逾期仍不申报的；

（6）申报的计税依据明显偏低，又无正当理由的。

采用应税所得率方式核定征收企业所得税的，应纳所得税额的计算公式如下：

应纳所得税额=应纳税所得额×适用税率

应纳税所得额=应税收入×应税所得率

或 $=\dfrac{\text{成本（费用）支出额}}{1-\text{应税所得率}}\times\text{应税所得率}$

三、境外所得抵扣税额的计算

企业取得的下列所得已在境外缴纳或者负担的所得税税额，可以从当期应纳税额中抵免，抵免限额为该项所得依照规定计算的应纳税额；超过抵免限额的部分，可以在以后5个年度内，用每年抵免限额抵免当年应抵税额后的余额进行抵补：

（1）居民企业来源于中国境外的应税所得；

（2）非居民企业在中国境内设立机构、场所，取得发生在中国境外但与该机构、场所有实际联系的应税所得。

居民企业从其直接或者间接控制的外国企业分得的来源于中国境外的股息、红利等权益性投资收益，外国企业在境外实际缴纳的所得税税额属于该项所得负担的部分，可以作为该居民企业的可抵免境外所得税税额，在抵免限额内抵免。

自2017年7月1日起，企业可以选择按国（地区）分别计算（即分国（地区）不分项），或者不按国（地区）汇总计算（即不分国（地区）不分项）其来源于境外的应纳税所得额，按照规定的税率，分别计算其可抵免境外所得税额和抵免限额。上述方式一经选择，5年内不得改变。

该抵免限额分国（地区）不分项计算，计算公式如下：

$$\text{抵免限额}=\frac{\text{中国境内、境外所得依照企业}}{\text{所得税法和条例计算的应纳税额}}\times\frac{\text{来源于某国、地区的应纳税所得额}}{\text{中国境内、境外应纳税所得额}}$$

四、非居民企业应纳税额的计算

【例4-8】某外国企业在中国境内未设立机构、场所，2018年将一项专利权提供给兴天公司使用，获得特许权使用费300万元。另外，该企业还从中国的另一企业取得利息40万元。

要求：计算其应纳所得税额。

分析：企业的特许权使用费应缴纳增值税，已缴纳的增值税属于价外税，在计算企业所得税时不允许扣除。

答：应纳税所得额=300+40=340（万元）

应纳所得税额=340×10%=34（万元）

任务四　了解税收优惠

国家对重点扶持和鼓励发展的产业和项目，给予企业所得税优惠。

一、免征、减征的优惠

1.从事农、林、牧、渔项目的所得

（1）免征企业所得税：

①蔬菜、谷物、薯类、油料、豆类、棉花、麻类、糖类、水果、坚果的种植；

②农作物新品种的选育；

③中药材的种植；

④林木的培育和种植；

⑤牲畜、家禽的饲养；

⑥林产品的采集；

⑦灌溉、农产品初加工、兽医、农机推广、农机作业和维修等农、林、牧、渔服务业项目；

⑧远洋捕捞。

（2）减半征收企业所得税：

①花卉、茶以及其他饮料作物和香料作物的种植；

②海水养殖、内陆养殖。

2.从事国家重点扶持的公共基础设施项目投资经营所得

国家重点扶持的公共基础设施项目是指《公共基础设施项目企业所得税优惠目录》规定的港口码头、机场、铁路、公路、城市公共交通、电力、水利等项目。

国家重点扶持的公共基础设施项目投资经营所得自项目取得第一笔经营收入所属纳税年度起，第一年至第三年免征企业所得税，第四年至第六年减半征收企业所得税。

企业承包经营、承包建设和内部自建自用以上项目，不得享受本条规定的企业所得税优惠。

3.从事符合条件的环境保护、节能节水项目所得

符合条件的环境保护、节能节水项目包括公共污水处理、公共垃圾处理、沼气综合开发利用、节能减排技术改造、海水淡化等。

企业从事符合条件的环境保护、节能节水项目所得自该项目取得第一笔生产经营收入所属纳税年度起，第一年至第三年免征企业所得税，第四年至第六年减半征收企业所得税。

4.符合条件的技术转让所得

符合条件的技术转让所得免征、减征企业所得税，是指一个纳税年度内，居民企业技术转让所得不超过500万元的部分，免征企业所得税；超过500万元的部分，减半征收企业所得税。

5.非居民企业的预提所得税

非居民企业在中国境内未设立机构、场所的，或者虽设立机构、场所但取得的所得与其所设机构、场所没有实际联系的，减按10%税率征收。

该类非居民企业的下列所得可以免征企业所得税：

（1）外国政府向中国政府提供贷款取得的利息所得；

（2）国际金融组织向中国政府和居民企业提供优惠贷款取得的利息所得；

（3）经国务院批准的其他所得。

二、小型微利企业的优惠

符合条件的小型微利企业，减按20%的税率缴纳企业所得税。

自2019年1月1日起至2021年12月31日，对小型微利企业年应纳税所得额不超过100万元的部分，减按25%计入应纳税所得额，按20%的税率缴纳企业所得税；对超过100万元但不超过300万元的部分，减按50%计入应纳税所得额，按20%的税率缴纳企业所得税。

符合小型微利企业，是指从事国家非限制和禁止行业，且同时符合年度应纳税所得额不超过300万元、从业人数不超过300人、资产总额不超过5 000万元的企业。

从业人数，包括与企业建立劳动关系的职工人数和企业接受的劳务派遣用工人数。从业人数和资产总额指标，应按企业全年的季度平均值确定。具体计算公式如下：

季度平均值=（季初值+季末值）÷2

全年季度平均值=全年各季度平均值÷4

【例4-9】某小型微利企业经主管税务机关核定，2018年亏损15万元。如果2019年盈利35万元，请计算该企业2019年应缴纳的企业所得税额。

答：应纳税所得额=35-15=20（万元）

应纳所得税额=20×25%×20%=1（万元）

三、高新技术企业和技术先进型服务企业的优惠

1.国家需要重点扶持的高新技术企业，减按15%的税率征收企业所得税。

2.自2018年1月1日起，对经认定的技术先进型服务企业（服务贸易类），减按15%的税率征收企业所得税。

四、民族自治地方的优惠

民族自治地方的自治机关对本民族自治地方的企业缴纳的企业所得税中属于地方分享的部分，可以减征或者免征。自治州、自治县决定减征或者免征的，须报省、自治区、直辖市人民政府批准。

五、可加计扣除的优惠

企业下列支出，在计算应纳税所得额时加计扣除：

（1）开发新技术、新产品、新工艺发生的研究开发费用。研究开发费用的加计扣除，是指企业为开发新技术、新产品、新工艺发生的研究开发费用，未形成无形资产计入当期损益的，在按照规定据实扣除的基础上，按照研究开发费用的50%加计扣除；形成无形资产的，按照无形资产成本的150%摊销。

企业开展研发活动中实际发生的研发费用，未形成无形资产计入当期损益的，在按照规定据实扣除的基础上，在2018年1月1日至2020年12月31日期间，按照

实际发生额的75%在税前扣除；形成无形资产的，在上述期间按照无形资产成本的175%在税前摊销。

下列行业不适用税前加计扣除政策：烟草制造业；住宿和餐饮业；批发和零售业；房地产业；租赁和商务服务业；娱乐业；财政部和国家税务总局规定的其他行业。

（2）安置残疾人员及国家鼓励安置的其他就业人员所发的工资。企业安置残疾人员所支付的工资的加计扣除，是指企业安置残疾人员的，在按照支付给残疾职工工资据实扣除的基础上，按照支付给残疾人员职工工资的100%加计扣除。残疾人员的范围适用《中华人民共和国残疾人保障法》。

六、创业投资企业的优惠项目

创业投资企业从事国家需要重点扶持和鼓励的创业投资，可以按投资额的一定比例抵扣应纳税所得额。创业投资企业采取股权投资方式投资于未上市的中小高新技术企业2年以上的，可以按照其投资额的70%在股权持有满2年的当年抵扣该创业投资企业的应纳税所得额；当年不足抵扣的，可以在以后纳税年度结转抵扣。

七、加速折旧的优惠

企业固定资产由于技术进步等原因，确需加速折旧的，可以缩短折旧年限或者采取加速折旧的方法。

可以采取缩短折旧年限或者采取加速折旧方法的固定资产包括：

（1）由于技术进步，产品更新换代较快的固定资产；

（2）常年处于强震动、高腐蚀状态的固定资产。

采用缩短折旧年限方法的，最低折旧年限不得低于规定折旧年限的60%；采取加速折旧方法的，可以采取双倍余额递减法或者年数总和法。

八、可减计收入的优惠

企业综合利用资源，生产符合国家产业政策规定的产品所取得的收入，可以在计算应纳税所得额时减计收入。

减计收入是指企业以《资源综合利用企业所得税优惠目录》规定的资源作为主要原材料，生产国家非限制和禁止并符合国家和行业相关标准的产品取得的收入，减按90%计入收入总额。

九、税额抵免的优惠

企业购置用于环境保护、节能节水、安全生产等专用设备的投资额，可以按一定比例实行税额抵免。

税额抵免是指企业购置并实际使用《环境保护专用设备企业所得税优惠目录》

《节能节水专用设备企业所得税优惠目录》《安全生产专用设备企业所得税优惠目录》规定的环境保护、节能节水、安全生产等专用设备的，该专用设备投资额的50%可以从企业当年的应纳税额中抵免；当年不足抵免的，可以在以后5个纳税年度结转抵免。

享受上述优惠的企业，应当实际购置并自身实际投入使用上述专用设备；企业购置上述专用设备在5年内转让、出租的，应当停止享受企业所得税优惠，并补缴已经抵免的企业所得税税款。

十、税率抵免的优惠

对设在西部地区以《西部地区鼓励类产业目录》中新增鼓励类产业项目为主营业务，且其当年度主营业务收入占企业业务收入总额70%以上的企业，自2014年10月1日起，可减按15%的税率缴纳企业所得税。

任务五 熟悉源泉扣缴和征收管理

一、源泉扣缴

1.扣缴义务人

（1）非居民企业在中国境内未设立机构、场所的，或者虽设立机构、场所但取得的所得与其所设机构、场所没有实际联系的，其应缴纳的所得税实行源泉扣缴，以支付人为扣缴义务人。税款由扣缴义务人在每次支付或者到期应支付时，从支付或者到期应支付的税款中扣缴。

这里的支付人是指依照法律规定或者合同的约定对非居民企业直接负有支付相关款项义务的单位或者个人。支付包括现金支付、汇拨支付、转账支付和权益兑价等货币支付和非货币支付。到期应支付的款项是指支付人按照权责发生制原则应当计入相关成本、费用的应付款项。

（2）在中国境内从事工程作业和提供劳务的非居民企业发生下列情形之一的，县级以上税务机关可以指定工程价款或者劳务费的支付人为扣缴义务人：

①预计工程作业或者提供劳务期限不足一个纳税年度，且有证据表明不履行纳税义务的；

②没有办理税务登记或者临时税务登记，且未委托中国境内的代理人履行纳税义务的；

③未按照规定办理企业所得税纳税申报或者预缴申报的。

县级以上税务机关在指定扣缴义务人时，应同时告知扣缴义务人所扣缴税款的计算依据、计算方法、扣缴期限和扣缴方式。

对应当扣缴的所得税，扣缴义务人未依法扣缴或者无法履行扣缴义务的，由纳税人在所得发生地缴纳。在中国境内存在多个所得发生地的，由纳税人选择一地申报缴纳税款。纳税人未依法缴纳的，税务机关可以从该纳税人在中国境内其他收入项目的支付人应付的款项中，追缴该纳税人的应纳税款。税务机关在追缴该纳税人的应纳税款时，应将追缴税款理由、追缴数额、缴纳期限和缴纳方式等告知纳税人。

2.扣缴办法

扣缴义务人每次代扣代缴的税款，应当自代扣之日起7日内缴入国库，并向所在地的税务机关报送扣缴企业所得税报告表。

二、征收管理

1.纳税地点

（1）居民企业的纳税地点。除税收法律、行政法规另有规定外，居民企业以企业登记注册地为纳税地点；但登记注册地在境外的，以实际管理机构所在地为纳税地点。企业登记注册地是指企业依照国家有关规定登记注册的住所地。

居民企业在中国境内设立不具有法人资格的营业机构，应当汇总计算并缴纳企业所得税。

（2）非居民企业的纳税地点。非居民企业在中国境内设立机构、场所的，所取得的来源于中国境内的所得，以及发生在中国境外但与其所设机构、场所有实际联系的所得，以机构、场所所在地为纳税地点。非居民企业在中国境内设立两个以上机构、场所的，经各机构、场所所在税务机关的共同上级税务机关审核批准，可以由其主要机构、场所汇总缴纳企业所得税。

非居民企业在中国境内未设立机构、场所的，或者虽设立机构、场所但取得的所得与其所设机构、场所没有实际联系的，以扣缴义务人所在地为纳税地点。

2.纳税期限

企业所得税按纳税年度计算，纳税年度自公历1月1日起至12月31日止。企业在一个纳税年度中间开业，或者终止经营活动，使该纳税年度的实际经营期不足12个月的，应当以其实际经营期为一个纳税年度。企业依法清算时，应当以清算期间为一个纳税年度。

3.缴纳办法

企业所得税按年计算，分月或者分季预缴。企业应当自月份或者季度终了之日起15日内，向税务机关报送预缴企业所得税纳税申报表，预缴税款。

企业分月或者分季缴纳企业所得税时，应当按照月份或者季度的实际利润额预缴；按照月份或者季度缴纳有困难的，可以按照上一纳税年度应纳税所得额的月份或者季度平均额预缴，或者按照经税务机关认可的其他方法预缴。预缴方法一经确定，该纳税年度内不得随意变更。

4.纳税申报

企业应当自年度终了之日起5个月内，向税务机关报送年度企业所得税纳税申报表，并汇算清缴，结清应缴应退税款。企业在报送企业所得税纳税申报表时，应当按照规定附送财务报告和其他有关资料。

企业在纳税年度内无论盈利或者亏损，都应在规定的期限内向税务机关报送预缴企业所得税纳税申报表、年度企业所得税纳税申报表、财务会计报告和税务机关规定应当报送的其他有关资料。

企业在年度中间终止经营活动的，应当自实际经营终止之日起60日内，向税务机关办理当期企业所得税汇算清缴。

企业应当在办理注销登记前，就其清算所得向税务机关申报并依法缴纳企业所得税。

职场对接

某市一家电生产企业为增值税一般纳税人，2018年度企业全年实现收入总额9 000万元，扣除的成本、费用、税金和损失总额为8 930万元，会计利润总额70万元，已缴纳企业所得税14.6万元。为降低税收风险，在2018年度汇算清缴前，企业聘请某会计师事务所进行审计，发现有关问题如下：

（1）已在成本费用中列支的实发工资总额为1 000万元，并按实际发生数列支了福利费210万元，上缴工会经费20万元，职工教育经费支出40万元。

（2）收入总额9 000万元中含国债利息收入5万元，向居民企业投资取得投资收益200万元（被投资方税率为25%）。

（3）企业全年发生的业务招待费为65万元、业务宣传费为80万元、技术开发费为320万元，已经全部据实扣除。

（4）该公司新研发的家电40台，每台成本价5万元，不含税售价每台10万元，将其售给本厂职工。账务处理时按成本200万元冲减了库存商品，未确认收入。

（5）“营业外支出”账户中还列支工商年检滞纳金3万元，合同违约金6万元，给购货方的回扣12万元，环境保护支出8万元，关联方企业赞助支出10万元，全都如实作了扣除。

根据所学知识，你能处理以下问题吗？

（1）职工福利费、工会经费和职工教育经费可据实列支吗？

（2）所有收入都要纳税吗？哪些是免税收入？哪些是不征税收入？

（3）业务招待费、业务宣传费及技术开发费可据实列支吗？

（4）出售新研发的家电给职工的行为是否构成企业的收入？

（5）“营业外支出”账户中的支出能全部据实扣除吗？

项目小结

◆企业所得税的纳税人分为居民纳税人和非居民纳税人。

◆企业所得税的征税对象包括销售货物所得、提供劳务所得、转让财产所得、股息红利等权益性投资所得、利息所得、租金所得、特许权使用费所得、接受捐赠所得和其他所得。

◆企业所得税的税率采用比例税率形式。

◆企业所得税的计税依据是应纳税所得额。应纳税所得额是企业每一纳税年度的收入总额，减除不征税收入、免税收入、各项扣除以及允许弥补的以前年度亏损后的余额。

◆企业所得税的扣除项目包括准予扣除项目和不得扣除项目。

◆企业纳税年度发生亏损，准予向以后年度结转，用以后年度的所得弥补，但结转年限最长不得超过5年。

项目测试

一、单项选择题

1.企业所得税的税率为（　　）。

A.17%　　B.25%　　C.15%　　D.33%

2.符合条件的小型微利企业的企业所得税税率为（　　）。

A.20%　　B.25%　　C.15%　　D.33%

3.国家需要重点扶持的高新技术企业，减按（　　）的税率征收企业所得税。

A.10%　　B.15%　　C.20%　　D.25%

4.企业通过非营利的社会团体的公益性捐赠支出，不超过年度利润总额（　　）的部分，准予扣除。

A.1%　　B.5%　　C.3%　　D.12%

5.企业应纳所得税按纳税人的（　　）乘以适用税率计算。

A.收入　　B.纯利润　　C.应纳税所得额　　D.利润总额

6.税法规定在计算企业所得税应纳税所得额时，发生的工会经费、职工福利费、职工教育经费允许按工资薪金总额的（　　）扣除。

A.2%、14%、8%　　B.2%、14%、2.5%

C.5%、14%、1.5%　　D.5%、10%、15%

7.下列各项中适用我国企业所得税法的是（　　）。

A.有限责任公司　　B.合伙企业

C.个人独资企业　　D.个体工商户

二、多项选择题

1.纳税人每一纳税年度的收入总额减去（　　）后的余额，为企业所得税的计税依据。

A.不征税收入　　B.免税收入　　C.各项扣除额　　D.营业外支出

2.企业所得税的纳税人包括（　　）。

A.合伙企业　　B.国有企业　　C.股份制企业　　D.外国企业

3.下列收入中属于应纳企业所得税的有（　　）。

A.利息收入　　B.接受捐赠收入　　C.国债利息收入　　D.财政拨款

4.下列属于不征税收入的有（　　）。

A.财政拨款

B.国债利息收入

C.接受捐赠收入

D.依法收取并纳入财政管理的行政事业性收费、政府性基金

5.下列支出项目中，可以结转以后年度继续扣除的有（　　）。

A.工资薪金　　B.广告费用

C.职工教育经费　　D.业务招待费

三、判断题

1.企业所得税的计税依据是企业应纳税所得额。（　　）

2.企业发生的合理的工资薪金支出，准予扣除。（　　）

3.企业所得税按年计算，分月或分季预缴，年终汇算清缴，多退少补。（　　）

4.无论是居民纳税人还是非居民纳税人，都要就其来源于中国境内、境外的所得征收企业所得税。（　　）

四、简答题

1.居民企业和非居民企业的划分标准是什么？它们各自的纳税范围和纳税义务是什么？

2.企业所得税应纳税所得额中不得扣除的项目有哪些？

五、计算题

1.某小型微利企业经主管税务机关核定，2018年亏损20万元，2019年盈利40万元，计算该企业2019年应缴企业所得税税额。

2.某企业上年度自行申报应纳税所得额为80万元，经税务机关审核：申报的应纳税所得额含有上年度购买国库券利息收入20万元，支付非金融机构借款利息超标准3万元，“营业外支出”账户列支了市场监督管理部门的罚款支出5万元（该企业适用的企业所得税税率为25%）。计算企业上年度应纳税所得额和应纳所得税。

3.某企业在某一纳税年度发生与生产经营有关的业务招待费15万元。企业该年度的营业收入是2 000万元。计算准予扣除的业务招待费是多少？

课后拓展

关注新媒体平台，获取税收领域最新的观点、方法、技巧，了解税费计算与缴

纳的前沿资讯。

微信公众号“每日税讯”是一家税务专业分享平台，第一时间向公众提供税务资讯及原创税收实务文章。该平台开设了“抗疫政策”“财税法规”“税收实务”三个栏目。在微信公众账号中搜索“ctaxnews”或用手机扫描二维码即可关注。

项目五

掌握个人所得税计算与缴纳

学习目标

◆ 知识目标

1. 理解个人所得税的纳税人、征税项目及税率。

2. 理解居民纳税人和非居民纳税人的划分标准、范围和纳税义务。

3. 理解个人所得税的税收优惠政策。

◆ 技能目标

1. 掌握个人所得税各征税项目的计税依据。

2. 掌握工资薪金所得、劳务报酬所得、稿酬所得、特许权使用费所得、股息红利所得、偶然所得等征税项目应纳税额的计税方法。

3. 掌握个人所得税特殊的征税方法。

引导案例

王先生是某医院的主治医师，当月工资为8 500元，出版医学专著获稿酬7 000元，同月获国家科技进步奖2 000元，投资股息收入800元，存款利息收入1 150元。他开设了私人诊所，免费为患者看病，主要经营药品的销售，取得了相当可观的收入。王先生这些收入中哪些应缴纳个人所得税？哪些是不需要缴纳个人所得税的？你知道吗？

任务一 认识个人所得税

一、个人所得税的含义

个人所得税是对个人（自然人）取得的应纳税所得征收的一种税。

1980年9月10日，第五届全国人民代表大会第三次会议通过并颁布《中华人民共和国个人所得税法》。1993年10月31日，第八届全国人民代表大会常务委员会第四次会议通过修订个人所得税法的决定，将个人所得税、个人收入调节税和城乡个体工商户所得税三税合并，统一为个人所得税，于1994年1月1日起实施。1999年8月30日第九届全国人民代表大会常务委员会、2005年10月27日第十届全国人民代表大会常务委员会、2007年6月29日和2007年12月29日第十届全国人民代表大会常务委员会、2011年6月30日第十一届全国人民代表大会常务委员会对个人所得税法进行了修订，2018年12月第十三届全国人民代表大会常务委员会对个人所得税法进行了第七次修订。

二、个人所得税的纳税人

在中国境内有住所，或者无住所而在境内居住满183天的个人以及在中国境内无住所又不居住或者无住所而在境内居住不满183天的个人但从中国境内取得所得的，为个人所得税的纳税人，包括中国公民、个体工商户、外籍人员以及香港、澳门、台湾同胞等。

根据住所标准和居住时间标准，个人所得税的纳税人分为居民纳税人和非居民纳税人，分别承担不同的纳税义务。

1.居民纳税人

在中国境内有住所，或者无住所而在境内居住满183天的个人，为居民纳税人。居民纳税人负有无限纳税义务，应当就其来源于中国境内、境外的所得纳税。

在中国境内有住所的个人，是指因户籍、家庭、经济利益关系而在中国境内习惯性居住的个人。在中国境内居住的时间按照在中国境内的时间计算。临时离境的（在一个纳税年度中一次不超过30日或者多次累计不超过90日的离境），不扣减日数。

在中国境内无住所，在境内居住累计满183天的年度连续不满5年的，或满5年但其间有单次离境超过30天情形的，其来源于中国境外的所得，经主管税务机关批准，可以只就由中国境内公司、企业以及其他经济组织或者个人支付的部分缴纳个人所得税；在境内居住累计满183天的年度连续满5年的，且在5年内未发生单次离境超过30天情形的，从第6年起，在中国境内居住满183天的，应当就其来源于中国境外的全部所得缴纳个人所得税。

2.非居民纳税人

在中国境内无住所又不居住或者无住所而在境内居住不满183天的个人，为非居民纳税人。非居民纳税人负有有限纳税义务，应当就其来源于中国境内的所得纳税。

在中国境内无住所，且在一个纳税年度中在中国境内连续或者累计居住不超过90天的个人，其来源于中国境内的所得，由境外雇主支付并且不由该雇主在中国境内的机构、场所负担的部分，免予缴纳个人所得税。

3.所得来源地的确定

下列所得，不论支付地点是否在中国境内，均为来源于中国境内的所得：

（1）因任职、受雇、履约等而在中国境内提供劳务取得的所得；

（2）将财产出租给承租人在中国境内使用而取得的所得；

（3）转让中国境内的建筑物、土地使用权等财产或者在中国境内转让其他财产取得的所得；

（4）许可各种特许权在中国境内使用而取得的所得；

（5）从中国境内的公司、企业以及其他经济组织或者个人取得的利息、股息、红利所得。

4.个人所得税的征税项目

按应纳税所得的来源划分，现行个人所得税分为9个应税项目：

（1）工资、薪金所得：指个人因任职或者受雇而取得的工资、薪金、奖金、年终加薪、劳动分红、津贴、补贴以及与任职或者受雇有关的其他所得。

（2）劳务报酬所得：指个人独立从事非雇佣的各种劳务取得的所得。包括：个人从事设计、装潢、安装、制图、化验、测试、医疗、法律、会计、咨询、讲学、新闻、广播、翻译、审稿、书画、雕刻、影视、录音、录像、演出、表演、广告、展览、技术服务、介绍服务、经纪服务、代办服务以及其他劳务取得的所得。

（3）稿酬所得：指个人因其作品以图书、报刊形式出版、发表而取得的所得。

（4）特许权使用费所得：指个人提供专利权、商标权、著作权、非专利技术以及其他特许权的使用权取得的所得；提供著作权的使用权取得的所得，不包括稿酬所得。

（5）经营所得。

包括：①个人通过在中国境内注册登记的个体工商户、个人独资企业、合伙企业从事生产、经营取得的所得；

②个人依法取得执照，从事办学、医疗、咨询以及其他有偿服务活动取得的所得；

③个人承包、承租、转包、转租取得的所得；

④个人从事其他生产、经营活动取得的所得。

（6）利息、股息、红利所得：指个人拥有债权、股权而取得的利息、股息、红利所得。

（7）财产租赁所得：指个人出租建筑物、土地使用权、机器设备、车船以及其他财产取得的所得。

（8）财产转让所得：指个人转让有价证券、股权、建筑物、土地使用权、机器设备、车船以及其他财产取得的所得。

（9）偶然所得：指个人得奖、中奖、中彩以及其他偶然性质的所得。

居民个人取得的上述（1）至（4）项所得，称为综合所得，按纳税年度合并计算个人所得税；非居民个人取得上述（1）至（4）项所得，按月或者按次分项计算个人所得税。纳税人取得上述（5）至（9）项所得，依照法律规定分别计算个人所得税。

三、个人所得税税率

（一）综合所得

综合所得适用七级超额累进税率，最低税率3%，最高税率45%（见表5-1）。

表5-1 个人所得税税率（综合所得适用）

级数	全年应纳税所得额	税率（%）	速算扣除数（元）
1	不超过36 000元的	3	0
2	超过36 000元至144 000元的部分	10	2 520
3	超过144 000元至300 000元的部分	20	16 920
4	超过300 000元至420 000元的部分	25	31 920
5	超过420 000元至660 000元的部分	30	52 920
6	超过660 000元至960 000元的部分	35	85 920
7	超过960 000元的部分	45	181 920

注：全年应纳税所得额是居民个人取得的综合所得以每一纳税年度收入额减除费用6万元以及专项扣除、专项附加扣除和依法确定的其他扣除后的余额。

（二）经营所得

经营所得适用五级超额累进税率，最低税率5%，最高税率35%（见表5-2）。

（三）利息、股息、红利所得，财产租赁所得，财产转让所得，偶然所得和其他所得

利息、股息、红利所得，财产租赁所得，财产转让所得，偶然所得和其他所得，适用比例税率，税率为20%。

自2001年1月1日起，对个人出租房屋取得的所得暂减按10%的税率征收个人所得税。

表5-2 个人所得税税率（经营所得适用）

级数	全年应纳税所得额	税率（%）	速算扣除数（元）
1	不超过30 000元的	5	0
2	超过30 000元至90 000元的部分	10	1 500
3	超过90 000元至300 000元的部分	20	10 500
4	超过300 000元至500 000元的部分	30	40 500
5	超过500 000元的部分	35	65 500

注：全年应纳税所得额是指以每一纳税年度的收入总额减除成本、费用以及损失后的余额。

任务二 掌握个人所得税的计税依据和计税方法

一、个人所得税计税依据

个人所得税的计税依据为应纳税所得额，即个人取得的各项应纳税所得减去规定的费用扣除额后的余额。

（一）应纳税所得额的确定

个人所得的形式，包括现金、实物、有价证券和其他形式的经济利益。所得为实物的，应当按照取得的凭证上所注明的价格计算应纳税所得额；无凭证的实物或者凭证上所注明的价格明显偏低的，参照市场价格核定应纳税所得额。所得为有价证券的，根据票面价格和市场价格核定应纳税所得额。所得为其他形式的经济利益的，参照市场价格核定应纳税所得额。

（二）应纳税所得额的具体规定

1.居民个人的综合所得，以每一纳税年度的收入减除6万元以及专项扣除、专项附加扣除和依法确定的其他扣除后的余额，为应纳税所得额。

综合所得，包括工资、薪金所得，劳务报酬所得，稿酬所得，特许权使用费所得。劳务报酬所得、稿酬所得、特许权使用费所得以收入减除20%的费用后的余额为收入额，其中稿酬所得的收入额减按70%计算。

（1）专项扣除，包括居民个人按照国家规定的范围和标准缴纳的基本养老保险、基本医疗保险、失业保险等社会保险费和住房公积金等；

（2）专项附加扣除，包括子女教育、继续教育、大病医疗、住房贷款利息或者住房租金、赡养老人等支出。

①子女教育。

纳税人的子女接受全日制学历教育的相关支出、年满3岁至小学入学前处于学前教育阶段的子女，按照每个子女每月1 000元的标准扣除。

②继续教育。

纳税人在中国境内接受学历（学位）继续教育的支出，在学历（学位）教育期间按照每月400元定额扣除。同一学历（学位）继续教育的扣除期限不能超过48个月。纳税人接受技能人员职业资格继续教育、专业技术人员职业资格继续教育的支出，在取得相关证书的当年，按照3 600元定额扣除。

③大病医疗。

在一个纳税年度内，纳税人发生的与基本医保相关的医药费用支出，扣除医保报销后个人负担累计超过15 000元的部分，由纳税人在办理年度汇算清缴时，在80 000元限额内据实扣除。纳税人及其配偶、未成年子女发生的医药费用支出，按上述规定分别计算扣除。

④住房贷款利息。

贷款为本人或者其配偶购买中国境内住房，发生的首套住房贷款利息支出，在实际发生贷款利息的年度，按照每月1 000元的标准定额扣除，扣除期限最长不超过240个月。

⑤住房租金。

纳税人在主要工作城市没有自有住房而发生的住房租金支出，可以按照以下标准定额扣除：

a.直辖市、省会城市、计划单列市以及国务院确定的其他城市，扣除标准为每月1 500元。

b.除上述所列城市以外，市辖区户籍人口超过100万的城市，扣除标准为每月1 100元；市辖区户籍人口不超过100万的城市，扣除标准为每月800元。

⑥赡养老人。

纳税人赡养一位及以上被赡养人的赡养支出，统一按照下列标准定额扣除：

a.纳税人为独生子女的，按照每月2 000元的标准定额扣除；

b.纳税人为非独生子女的，由其与兄弟姐妹分摊每月2 000元的扣除额度，每人分摊额度不能超过每月1 000元。

（3）其他扣除，包括个人缴付的符合国家规定的企业年金、职业年金，个人购买的符合国家规定的商业健康保险、税收递延型商业养老保险支出，以及国务院规定的可以扣除的其他项目。

2.非居民个人的工资、薪金所得，以每月收入额减除费用5 000元后的余额为应纳税所得额；劳务报酬所得、稿酬所得、特许权使用费所得，以每次收入额为应纳税所得额。

3.经营所得，以每一纳税年度的收入总额减除成本、费用以及损失后的余额，为应纳税所得额。

成本、费用，是指纳税义务人从事生产、经营所发生的各项直接支出和分配计入成本的间接费用以及销售费用、管理费用、财务费用；损失是指纳税义务人在生产、经营过程中发生的各项营业外支出。

取得经营所得的个人，没有综合所得的，计算其每一纳税年度的应纳税所得额时，应当减除6万元、专项扣除、专项附加扣除以及依法确定的其他扣除。

4. 财产租赁所得，每次收入不超过4 000元的，减除费用为800元；4 000元以上的，减除20%的费用，其余额为应纳税所得额。

5. 财产转让所得，按照一次转让财产的收入额减除财产原值和合理费用后的余额，为应纳税所得额。

财产原值，是指：

①有价证券，为买入价以及买入时按照规定交纳的有关费用；

②建筑物，为建造费或者购进价格以及其他有关费用；

③土地使用权，为取得土地使用权所支付的金额、开发土地的费用以及其他有关费用；

④机器设备、车船，为购进价格、运输费、安装费以及其他有关费用；

⑤其他财产，参照以上方法确定。

纳税义务人未提供完整、准确的财产原值凭证，不能正确计算财产原值的，由主管税务机关核定其财产原值。

合理费用，是指卖出财产时按照规定支付的有关费用。

6. 利息、股息、红利所得，偶然所得和其他所得，以每次收入额为应纳税所得额。

上述所说的每次收入，按照以下方法确定：

①劳务报酬所得，属于一次性收入的，以取得的该项收入为一次；属于同一项目连续性收入的，以一个月内取得的收入为一次。

②稿酬所得，以每次出版、发表取得的收入为一次。

③特许权使用费所得，以一项特许权的一次许可使用所取得的收入为一次。

④财产租赁所得，以一个月内取得的收入为一次。

⑤利息、股息、红利所得，以支付利息、股息、红利时取得的收入为一次。

⑥偶然所得，以每次取得的该项收入为一次。

二、个人所得税计税方法

（一）综合所得的计税

居民个人的综合所得，以每一纳税年度的收入减除6万元以及专项扣除、专项附加扣除和依法确定的其他扣除后的余额，为应纳税所得额。

$$\text{综合所得应纳税所得额}=\text{每一纳税年度的收入额}-\text{费用6万元}-\text{专项扣除}-\text{专项附加扣除}-\text{依法确定的其他扣除}$$

综合所得应纳税额=综合所得应纳税所得额×适用税率−速算扣除数

（二）居民个人预扣预缴办法

扣缴义务人向居民个人支付工资、薪金所得，劳务报酬所得，稿酬所得，特许权使用费所得，按以下方法预扣预缴个人所得税，并向主管税务机关报送“个人所得税扣缴申报表”，年度预扣预缴额与年度应纳税额不一致的，由居民个人于次年3月1日至6月30日向主管税务机关办理综合所得年度汇算清缴，税款多退少补。

1. 扣缴义务人向居民个人支付工资、薪金所得时，应当按累计预扣法计算预扣税款，并按月办理全员全额扣缴申报。

本期应预扣预缴税款＝（累计预扣预缴应纳税所得额×预扣率－速算扣除数）－累计减免税额－累计已预扣预缴税额

累计预扣预缴应纳税所得额＝累计收入－累计免税收入－累计减除费用－累计专项扣除－累计专项附加扣除－累计依法确定的其他扣除

其中：累计减除费用，按照5 000元/月乘以纳税人当年截至本月在本单位的任职受雇月份数计算。

上述公式中，计算居民个人工资、薪金所得预扣预缴的预扣率见表5-3。

表5-3 **个人所得税预扣率表**

（居民个人工资、薪金所得预扣预缴适用）

级数	累计预扣预缴应纳税所得额	预扣率（%）	速算扣除数（元）
1	不超过36 000元的	3	0
2	超过36 000元至144 000元的部分	10	2 520
3	超过144 000元至300 000元的部分	20	16 920
4	超过300 000元至420 000元的部分	25	31 920
5	超过420 000元至660 000元的部分	30	52 920
6	超过660 000元至960 000元的部分	35	85 920
7	超过960 000元的部分	45	181 920

【例5-1】2019年1月和2月，职工王某的工资均为9 400元，每月个人承担养老保险费、医疗保险费、失业保险费和住房公积金共计1 800元，计算1、2月其预扣预缴税额。

答：1月份累计预扣预缴应纳税所得额=（9 400-1 800）-5 000=2 600（元）

1月份应预扣预缴税额=2 600×3%=78（元）

分析：

2月份累计收入=9 400×2=18 800（元）

2月份累计减除费用=5 000×2=10 000（元）

2月份累计专项扣除=1 800×2=3 600（元）

2月份累计预扣预缴应纳税所得额=（9 400×2−1 800×2）−5 000×2=5 200（元）

2月份应预扣预缴税额=5 200×3%−78=78（元）

小知识

按照国家规定，单位为个人缴付和个人缴付的基本养老保险费、基本医疗保险费、失业保险费、住房公积金，从纳税义务人的应纳税所得额中扣除。

小知识

在我国境内两处或两处以上取得的工资、薪金所得，应合并计税。

【例5-2】2020年1月，职工张某的工资为6 000元，另在外兼职领取工资1 500元，不考虑其他扣除因素。计算当月其应纳税额。

答：1月份累计预扣预缴应纳税所得额=（6 000+1 500）−5 000=2 500（元）

1月份应预扣预缴税额=2 500×3%=75（元）

那么，全年一次性奖金该如何计税呢？

居民个人取得全年一次性奖金，符合相关规定的，在2021年12月31日前，不并入当年综合所得，以全年一次性奖金收入除以12个月得到的数额，按照按月换算的综合所得适用的个人所得税税率表，确定适用税率和速算扣除数，单独计算税额。

计算公式：

应纳税额=个人当月取得的全年一次性奖金×适用税率−速算扣除数

【例5-3】某员工1月份取得年终奖金24 000元。计算其应纳个人所得税税额。

分析：确定全年年终奖的适用税率和速算扣除数。

商数=24 000÷12=2 000（元），其商数2 000元对应的适用税率为3%，速算扣除数为0。

年终奖金应纳税额=24 000×3%=720（元）

居民个人取得全年一次性奖金，也可以选择并入当年综合所得计算纳税。

自2022年1月1日起，居民个人取得全年一次性奖金，应并入当年综合所得计算缴纳个人所得税。

注意

需要注意的是，单位对职工取得的除全年一次性奖金以外的其他各种名目的奖金，如半年奖、季度奖、加班奖、先进奖、考勤奖等，一律与当月工资、薪金收入合并，按税法的规定缴纳个人所得税。

2. 扣缴义务人向居民个人支付劳务报酬所得、稿酬所得、特许权使用费所得时，按次或者按月预扣预缴个人所得税。

（1）劳务报酬所得预扣预缴个人所得税。

①预扣预缴应纳税所得额的计算。

a. 每次收入不足4 000元的：

预扣预缴应纳税所得额=每次收入总额−800

b.每次收入在4 000元以上的：

预扣预缴应纳税所得额=每次收入总额×（1-20%）

②预扣预缴应纳税额的计算。

劳务报酬所得应预扣预缴税额=预扣预缴应纳税所得额×预扣率-速算扣除数

劳务报酬所得适用20%～40%超额累进预扣率，见表5-4。

表5-4 个人所得税预扣率表

级数	预扣预缴应纳税所得额	预扣率（%）	速算扣除数（元）
1	不超过20 000元的部分	20	0
2	超过20 000元至50 000元的部分	30	2 000
3	超过50 000元的部分	40	7 000

【例5-4】某歌手4月份在歌厅共演出4场，每场酬金800元，计算其应纳个人所得税。

分析：劳务报酬属于同一项目连续性收入的，以一个月内取得的收入为一次。

劳务报酬所得预扣预缴应纳税所得额=800×4-800=2 400（元）

劳务报酬所得应预扣预缴税额=2 400×20%=480（元）

【例5-5】某歌手4月份参加公司庆典活动演出取得收入28 000元，计算其应纳个人所得税。

分析：每次收入额的应纳税所得额超过20 000元，可查个人所得税预扣率表，通过公式计算。

劳务报酬所得预扣预缴应纳税所得额=28 000×（1-20%）=22 400（元）

劳务报酬所得应预扣预缴税额=22 400×30%-2 000=4 720（元）

小知识

劳务报酬所得一般具有不固定性、不经常性，不便于按月计算。

（2）稿酬所得预扣预缴个人所得税。

①预扣预缴应纳税所得额的计算。

a.每次收入不足4 000元的：

预扣预缴应纳税所得额=（每次收入总额-800）×70%

b.每次收入在4 000元以上的：

预扣预缴应纳税所得额=每次收入总额×（1-20%）×70%

②预扣预缴应纳税额的计算。

稿酬所得应预扣预缴税额=预扣预缴应纳税所得额×预扣率（20%）

【例5-6】某教授2019年编写教材取得稿酬收入16 000元，2020年教材加印获得稿酬8 000元，计算其应纳个人所得税税额。

分析：教材加印的稿酬和第一次取得的稿酬应合并为一次计税，可减除第一次已扣税款。

2019年稿酬所得预扣预缴应纳税所得额=16 000×（1−20%）×70%=8 960（元）

2019年稿酬所得应预扣预缴税额=8 960×20%=1 792（元）

2020年教材加印取得稿酬：

2020年稿酬所得预扣预缴应纳税所得额=（16 000+8 000）×（1−20%）×70%=13 440（元）

2020年稿酬所得应预扣预缴税额=13 440×20%−1 792=896（元）

该教授应纳个人所得税=1 792+896=2 688（元）

小知识

为了合理确定不同形式、不同情况、不同条件下稿酬的税收负担，对稿酬的每次收入的特殊规定如下：

（1）个人每次以图书、报刊方式发表同一作品，不论出版单位是预付稿酬还是分笔支付稿酬，或者加印该作品后再付稿酬，均应合并一次征税。

（2）在两处或两处以上出版、发表或再版同一作品取得的稿酬，应就各处取得的所得或再版所得分次征税。

（3）个人的同一作品在报刊上连载，应合并其因连载取得的所得为一次，连载之后又出书取得稿酬的，或先出书后连载取得稿酬的，应视为再版稿酬分次征税。

（3）特许权使用费所得预扣预缴个人所得税。

①预扣预缴应纳税所得额的计算。

a.每次收入不足4 000元的：

预扣预缴应纳税所得额=每次收入总额−800

b.每次收入在4 000元以上的：

预扣预缴应纳税所得额=每次收入总额×（1−20%）

②预扣预缴应纳税额的计算。

特许权使用费所得应预扣预缴税额=预扣预缴应纳税所得额×预扣率（20%）

【例5-7】某教授拍卖自己的小说手稿取得收入450 000元，计算其应纳个人所得税。

答：特许权使用费所得预扣预缴应纳税所得额=450 000×（1−20%）=360 000（元）

特许权使用费所得应预扣预缴税额=360 000×20%=72 000（元）

（三）生产经营所得计税

应纳税所得额=全年收入总额−（成本+费用+损失+准予扣除的税金）

应纳税额=应纳税所得额×适用税率−速算扣除数

【例5-8】某个体工商户全年的生产经营收入总额为150 000元，成本为50 000元，费用为8 500元，损失为3 000元，准予扣除的税金为4 500元，计算其全年应纳个人所得税税额。

答：应纳税所得额=150 000−50 000−8 500−3 000−4 500=84 000（元）

全年应纳个人所得税税额=84 000×10%−1 500=6 900（元）

（四）财产租赁所得计税

1.应纳税所得额的计算。

（1）每次收入不足4 000元的：

应纳税所得额=每次收入总额-准予扣除项目-修缮费用（以800元为限）-800

（2）每次收入在4 000元以上的：

应纳税所得额=［每次收入总额-准予扣除项目-修缮费用（以800元为限）］×（1-20%）

2.应纳税额的计算。

应纳税额=应纳税所得额×20%

（五）财产转让所得计税

1.应纳税所得额的计算。

应纳税所得额=每次收入额-财产原值-合理税费

2.应纳税额的计算。

应纳税额=应纳税所得额×20%

【例5-9】某人2017年建造房屋一栋，造价300 000元，支付相关费用20 000元，2018年转让取得收入650 000元，支付相关费用10 000元，计算其应纳个人所得税。

应纳税所得额=650 000-（300 000+20 000）-10 000=320 000（元）

应纳个人所得税税额=320 000×20%=64 000（元）

（六）利息、股息、红利所得和偶然所得计税

1.应纳税所得额的计算。

应纳税所得额=每次收入额

2.应纳税额的计算。

应纳税额=应纳税所得额×20%

【例5-10】李某在甲企业任职，2019年1—12月每月取得工资、薪金收入12 000元，无免税收入；每月缴纳三险一金2 700元，从1月份开始享受子女教育扣除1 000元、赡养老人扣除2 000元，无其他扣除。计算其2019年应缴纳的个人所得税。

分析：

全年减除费用=5 000×12=60 000（元）

专项扣除=2 700×12=32 400（元）

专项附加扣除=3 000×12=36 000（元）

2019年应纳个人所得税所得额=144 000-60 000-32 400-36 000=15 600（元）

2019年应纳税额=15 600×3%=468（元）

【例5-11】工程师张某2019年3月在单位取得工资5 500元，1—2月已预扣预缴个人所得税税额30元；取得省政府奖励的科技开发奖15 000元；当月在某大学举行6次技术讲座，每次收入2 000元；购买商品过程中中奖300元；当月购买的国库券到期，取得利息收入1 200元。计算其当月应纳个人所得税。

3月累计预扣预缴工资薪金应纳税所得额=5 500×3-5 000×3=1 500（元）

3月累计应预扣预缴税额=1 500×3%-30=15（元）

技术讲座预扣预缴应纳税所得额=（2 000×6）×（1-20%）=9 600（元）

技术讲座应预扣预缴税额=9 600×20%=1 920（元）

购买商品中奖应纳个人所得税=300×20%=60（元）

省政府科技开发奖免税，国库券利息收入免税。

本月应预扣预缴个人所得税=15+1 920+60=1 995（元）

三、个人所得税的特殊计税方法

（一）两个或者两个以上的个人共同取得同一项目收入的，应当对每个人取得的收入分别按照税法的规定减除费用后计算纳税

（二）扣除捐赠款的计税方法

1.个人将其所得对教育事业和其他公益事业的捐赠，是指个人将其所得通过中国境内的社会团体、国家机关向教育和其他社会公益事业以及遭受严重自然灾害地区、贫困地区的捐赠。捐赠额未超过纳税义务人申报的应纳税所得额30%的部分，可以从其应纳税所得额中扣除。

2.个人通过非营利性的社会团体、国家机关向红十字事业、教育事业、农村义务教育、公益性青少年活动场所的捐赠，在计算个人所得税时，准予在税前的所得额中全额扣除。

（三）境外缴纳税额抵免的计税方法

在中国境内有住所，或者无住所而在境内居住满一年的个人，从中国境内和境外取得的所得，都应缴纳个人所得税。为了避免发生国家间对同一所得的重复征税，我国税法规定，纳税人从中国境外取得的所得，准予其在应纳税额中扣除已在境外实际缴纳的个人所得税税款，但扣除额不得超过该纳税人境外所得依照税法的规定计算的应纳税额。

已在境外缴纳的个人所得税税额，是指纳税义务人从中国境外取得的所得，依照该所得来源国家或者地区的法律应当缴纳并且实际已经缴纳的税额。

依照税法的规定计算的应纳税额，是指纳税义务人从中国境外取得的所得，区别不同国家或者地区和不同所得项目，依照税法规定的费用减除标准和适用税率计算的应纳税额；同一国家或者地区内不同所得项目的应纳税额之和，为该国家或者地区的扣除限额。

纳税义务人在中国境外一个国家或者地区实际已经缴纳的个人所得税税额，低于依照前款规定计算出的该国家或者地区扣除限额的，应当在中国缴纳差额部分的税款；超过该国家或者地区扣除限额的，其超过部分不得在本纳税年度的应纳税额中扣除，但是可以在以后纳税年度的该国家或者地区扣除限额的余额中补扣。补扣期限最长不得超过5年。

任务三　熟悉个人所得税的减免和征收管理

一、个人所得税的减免规定

1.免税规定

下列各项个人所得，免纳个人所得税：

（1）省级人民政府、国务院部委和中国人民解放军军以上单位，以及外国组织、国际组织颁发的科学、教育、技术、文化、卫生、体育、环境保护等方面的奖金。

（2）国债和国家发行的金融债券利息。国债利息，是指个人持有中华人民共和国财政部发行的债券而取得的利息；国家发行的金融债券利息，是指个人持有经国务院批准发行的金融债券而取得的利息。

（3）按照国家统一规定发给的补贴、津贴：是指按照国务院规定发给的政府特殊津贴、院士津贴、资深院士津贴，以及国务院规定免纳个人所得税的其他补贴、津贴。

（4）福利费、抚恤金、救济金。福利费是指根据国家有关规定，从企业、事业单位、国家机关、社会团体提留的福利费或者工会经费中支付给个人的生活补助费；救济金，是指各级人民政府民政部门支付给个人的生活困难补助费。

（5）保险赔款。

（6）军人的转业费、复员费。

（7）按照国家统一规定发给干部、职工的安家费、退职费、退休工资、离休工资、离休生活补助费。

（8）依照我国有关法律规定应予免税的各国驻华使馆、领事馆的外交代表、领事官员和其他人员的所得。

（9）中国政府参加的国际公约、签订的协议中规定免税的所得。

（10）经国务院财政部门批准免税的所得。

2.减税规定

有下列情形之一的，经批准可以减征个人所得税：

（1）残疾、孤老人员和烈属的所得。

（2）因严重自然灾害造成重大损失的。

（3）其他经国务院财政部门批准减税的。如从2017年7月1日开始，对个人购买符合规定的商业健康保险产品的支出，允许在当年（月）计算应纳税所得额时予以税前扣除，扣除限额为2 400元/年（200元/月）。单位统一为员工购买符合规定的商业健康保险产品的支出，应分别计入员工个人工资薪金，视同个人购买，按上述限额予以扣除。

二、个人所得税的征收管理

1.纳税办法

个人所得税以所得人为纳税义务人，以支付所得的单位或者个人为扣缴义务人。个人所得税实行源泉扣缴和纳税人自行申报两种方法。

(1) 代扣代缴。个人所得税以支付所得的单位或者个人为扣缴义务人。扣缴义务人在向个人支付应税款项时，应当依照税法的规定代扣税款，按时缴库，并专项记载备查。

对扣缴义务人，按照所扣缴的税款付给2%的手续费。

扣缴义务人应当按照国家规定办理全员全额扣缴申报。

(2) 自行申报。纳税义务人有下列情形之一的，应当按照规定到主管税务机关办理纳税申报：

①取得综合所得需要办理汇算清缴；

②取得应税所得没有扣缴义务人的；

③取得应税所得，扣缴义务人未扣缴税款；

④取得境外所得的；

⑤因移居境外注销中国户籍；

⑥非居民个人在中国境内两处或者两处以上取得工资、薪金所得的；

⑦国务院规定的其他情形。

2.纳税期限

(1) 居民个人取得综合所得，按年计算个人所得税；有扣缴义务人的，由扣缴义务人按月或者按次预扣预缴税款；需要办理汇算清缴的，应当在取得所得的次年3月1日至6月30日办理汇算清缴。

(2) 纳税人取得生产经营所得，按年计算个人所得税，由纳税义务人在月度或者季度终了后15日内向税务机关报送纳税申报表，并预缴税款；在取得所得的次年3月31日前办理汇算清缴。

(3) 纳税人取得利息、股息、红利所得，财产租赁所得，财产转让所得和偶然所得，按月或者按次计算个人所得税，有扣缴义务人的，由扣缴义务人按月或者按次代扣代缴税款。

(4) 纳税人取得应税所得没有扣缴义务人的，应当在取得所得的次月15日内向税务机关报送纳税申报表，并缴纳税款。

(5) 纳税人取得应税所得，扣缴义务人未扣缴税款的，纳税人应当在取得所得的次年6月30日前，缴纳税款；税务机关通知限期缴纳的，纳税人应当按照期限缴纳税款。

(6) 从中国境外取得所得的居民纳税义务人，应当在取得所得的次年3月1日至6月30日内申报纳税。

（7）扣缴义务人每月或者每次预扣、代扣的税款，应当在次月15日内缴入国库，并向税务机关报送扣缴个人所得税申报表。

3.纳税地点

自行申报纳税人在取得所得的所在地税务机关申报纳税。纳税人从中国境内取得所得的，在户籍所在地税务机关或指定税务机关申报纳税。在两处以上取得收入的，可选择并固定在其中一地税务机关申报纳税。

项目小结

◆个人所得税的纳税人分为居民纳税人和非居民纳税人，分别承担不同的纳税义务。

◆个人所得税实行综合、分类所得税制，将个人取得的所得划分为9项。

◆个人所得税的税率采用比例税率和超额比例税率两种形式。

◆个人所得税的计税依据为应纳税所得额。个人取得的各项应纳税所得减去规定的费用扣除额后的余额为应纳税所得额。

项目测试

一、单项选择题

1.现行个人所得税中，工资、薪金所得采用超额累进税率形式，按每月收入额扣除费用（　　）、专项扣除、专项附加扣除及依法确定的其他扣除后的余额征税。

A.5 000元　　B.3 000元　　C.3 500元　　D.4 800元

2.下列项目中属于综合所得的是（　　）。

A.偶然所得　　B.工资、薪金所得

C.财产租赁所得　　D.生产经营所得

3.个人储蓄存款利息应当（　　）。

A.计入利息、股息、红利所得征税　　B.计入工资、薪金所得征税

C.计入财产租赁所得征税　　D.免于征税

4.劳务报酬、稿酬、特许权使用费、财产租赁所得，在费用减除上采用（　　）的方法。

A.定额减除　　B.定率减除

C.定额和定率相结合　　D.不减除费用

5.居民个人取得综合所得按（　　）纳税。

A.次　　B.月　　C.年　　D.期

6.两人以上共同取得同一项目收入的计税方法是（　　）。

A.先分后税　　B.先税后分

C.谁分得多谁纳税　　D.都不纳税

7.张先生接受出版社的委托，将外文小说翻译成中文。张先生取得的这项收入应按（　　）项目征收个人所得税。

A.稿酬所得　　B.劳务报酬所得

C.工资、薪金所得　　D.偶然所得

二、多项选择题

1.我国个人所得税的征收采用（　　）两种税率。

A.比例税率　　B.定额税率

C.超额累进税率　　D.加成征收

2.个人所得税的纳税人包括（　　）。

A.个体工商户

B.我国公民个人

C.个人独资企业

D.从我国境内取得收入的港澳台同胞

3.下列所得适用超额累进税率的有（　　）。

A.工资、薪金所得　　B.生产经营所得

C.财产转让所得　　D.利息所得

4.个人所得税实行全额计税的项目有（　　）。

A.利息、股息、红利所得　　B.财产转让所得

C.偶然所得　　D.特许权使用费所得

5.下列各项收入中免征个人所得税的有（　　）。

A.政府特殊津贴　　B.离、退休工资

C.利息收入　　D.保险赔款

三、判断题

1.纳税人所有的个人收入都应缴纳个人所得税。（　　）

2.凡在中国境内有住所，或者无住所而在中国境内居住满183天的个人，从中国境内和境外取得的所得应纳个人所得税。（　　）

3.退休工资也属于工资、薪金所得，也应缴纳个人所得税。（　　）

四、简答题

1.居民纳税人和非居民纳税人的划分标准是什么？

2.居民纳税人和非居民纳税人各自的纳税范围和纳税义务是什么？

五、计算题

1.某中国公民1月取得工资收入7 500元，三险一金共计1 575元，计算本月其应预扣预缴的个人所得税。

2.某企业工程师张海，2019年1月取得工资收入9 200元，取得国务院发的政府特殊津贴500元，取得省政府奖励给他的科技开发奖10 000元，当月他的一部专著出版，取得稿酬收入4 500元。计算张海当月应预扣预缴的个人所得税。

3. 某歌手4月份在歌厅共演出8场，每场酬金800元，计算其当月应预扣预缴的个人所得税。

课后拓展

关注新媒体平台，获取税收领域最新的观点、方法、技巧，了解税费计算与缴纳的前沿资讯。

微信公众号“普华永道”是普华永道中国官方微信公众平台。该平台向公众分享最前沿的行业资讯、最新鲜的洞察报告，开设了“关于我们”“专业服务”“进博会19”三个栏目，下设“中国机遇”“数造未来”等子栏目。在微信公众账号中搜索“PWCCHINA”或用手机扫描二维码即可关注。

项目六

掌握其他重要税种计算与缴纳

学习目标

◆ 知识目标

1. 理解和掌握房产税的概念、适用范围及计算方法。
2. 理解和掌握契税的概念、适用范围及计算方法。
3. 理解和掌握印花税的概念、适用范围及计算方法。
4. 理解和掌握城市维护建设税及教育费附加的适用范围及计算方法。

◆ 技能目标

1. 掌握房产税的适用范围、计算方法及其征收制度。
2. 掌握契税的适用范围、计算方法及其征收制度。
3. 掌握印花税的适用范围、计算方法及其征收制度。
4. 掌握城市维护建设税及教育费附加的适用范围、计算方法及其征收制度。

引导案例

西方发达国家的税收收入以所得税为主。所得税在它们整个税收收入中所占的比例很大。我国的税收收入则以流转税为主，以所得税为辅。流转税属于间接税，大规模的间接税通过商品价格渠道，向全社会转嫁，在现实生活中极易推高物价，会大大加重人民的负担。因此，我国目前税制改革的重点和热点是结构性减税，将流转税和所得税并列为主体税种，同时提高其他“小税种”的收入，简单来讲就是“减流转税，稳所得税，增财产税”。减少流转税收入，可以减轻企业和社会的负担，降低物价上涨给人民带来的经济压力，同时，国家的整个税收收入又要保持稳定增长。这就只能通过重视和提高其他一些“小税种”的税收收入，特别是提高财产税（如房产税）的税收收入，增加拥有较多财富的人群的持有成本，客观上也可以起到“劫富济贫”的效果。因此，在本项目中，我们主要来学习除流转税、所得税外的几种常见且比较重要的税种，它们是房产税、契税、印花税和城市维护建设税及教育费附加。它们有的属于财产税，有的属于行为税，有的属于附加税。对各个税种的重视及结构性调整，能够使我国的税种呈现“税源广阔，税负平衡”的良好局面，最终实现我国“结构性减税、整体性增税”的重要目标。

本项目主要学习几个普遍性、重要性都相对较强的税费，如房产税、契税、印花税和城市维护建设税及教育费附加。这些税费，要么属于对流转税和所得税的重要补充，要么属于流转税的附属。通过学习，我们能够了解和掌握这些税费的概念、征收范围、应纳税额的计算方法以及纳税申报的知识，全面提高我们的税收知识与应用水平，与社会需求紧密接轨。

任务一　认知房产税

房产税是一种为中外各国政府广为征收的古老的税种，在欧洲中世纪就成为封建君主敛财的一项重要手段，且名目繁多，如“窗户税”“灶税”“烟囱税” 等。中国古籍《周礼》上所称“廛布”，即为最早的房产税。唐代开征的“间架税”，清末和中华民国时期开征的“房捐”，均属房产税性质。目前我国开征的房产税，属于一种财产税。它在地方财政筹集资金、支持地方建设、提高房屋使用效率、促进生产发展等方面，都具有积极的现实意义。

一、房产税概述

1.房产税的概念

房产税是以房产为征税对象，按照房产的计税余值或出租房产的租金收入向房产所有人或经营人征收的一种财产税。

我国现行房产税的基本规范是1986年9月国务院颁布的《中华人民共和国房产税暂行条例》(简称《房产税暂行条例》)，以及同月由财政部发布的《关于房产税若干具体问题的解释和暂行规定》等。

2.房产税的纳税人

房产税的纳税人为房屋产权的所有人，具体规定如下：

（1）产权属于国家的，由经营管理单位缴纳；

（2）产权属于集体和个人所有的，由集体单位和个人缴纳；

（3）产权出典的，由承典人缴纳；

（4）产权所有人、承典人不在房产所在地的，或者产权未确定及租典纠纷未解决的，由房产代管人或使用人缴纳。

自2009年1月1日起，外商投资企业、外国企业和组织以及外籍个人（包括港澳台资企业和组织，以及华侨、港澳台同胞），依照《房产税暂行条例》缴纳房产税，属于房产税的纳税人。

3.房产税的征税对象与征税范围

（1）房产税的征税对象。房产税的征税对象是房产。所谓房产，是以房屋形态表现的财产，是指有屋面和围护结构（有墙或两边有柱子），能遮风挡雨，可供人们在里面生产、学习、工作、娱乐、居住或贮藏物资的场所。其中，与房屋不可分割的各种附属设施或不单独计价的配套设施，例如通信、照明、管道、电梯、过道、晒台及室外扶梯、消防设施、下水道、地下室等，也属于房产，纳入房产税的征税对象。

特别地，独立于房屋之外的建筑物（如水塔、围墙、加油站罩棚等）不属于房产税的征税对象，不征收房产税。

（2）房产税的征税范围。房产税的征税范围为位于城市、县城、建制镇和工矿区的房屋。对于上述范围，《关于房产税若干具体问题的解释和暂行规定》做出了如下解释：

①城市是指经国务院批准设立的市；

②县城是指未设立建制镇的县人民政府所在地；

③建制镇是指经省、自治区、直辖市人民政府批准设立的建制镇；

④工矿区是指工商业比较发达，人口比较集中，符合国务院规定的建制镇标准，但尚未设立建制镇的大中型工矿企业所在地。开征房产税的工矿区须经省、自治区和直辖市人民政府批准。

为了减轻农民的负担，支持农业发展，繁荣农村经济，坐落在农村的房屋暂不征收房产税。

课堂讨论：

房产税的征税对象是房产，那么，厂房顶部的中央空调、厂房外的围墙、室外的篮球场和水塔是房产税的征税对象吗？

提示：

根据规定，中央空调属于房屋不可分割的附属设施，属于房产税的征税对象，需要一并征收房产税，而外面的围墙、篮球场和水塔，属于独立于房屋之外的建筑物，不是房产税的征税对象，不需要征收房产税。

4.房产税的税率与计税依据

（1）房产税的税率。房产税采用比例税率形式，分别按从价计征和从租计征设置了两种税率：

①从价计征的，税率为1.2%。

②从租计征的，税率为12%。对于个人按市场价格出租的居民住房，且用于居住的，可暂减按4%的优惠税率进行征税。

（2）房产税的计税依据。根据从价计征和从租计征的征收办法的不同，房产税的计税依据分别为房产的计税余值和租金收入。

①对于经营自用的房屋，以房产的计税余值为计税依据。所谓房产计税余值，是指房产原值一次减除10%~30%后的余值。具体减除幅度由各省、自治区和直辖市人民政府确定。计税依据的公式为：

计税依据=房屋计税余值=房产原值×（1-原值减除率）

②对于出租的房屋，以房屋租金收入为房产税的计税依据。租金包括货币收入和实物收入。对于以劳务或其他形式作为报酬抵付房租的，应根据当地房地产的租

金水平，确定一个标准租金额计征。

【例6-1】北京市某房地产公司经营一栋写字楼。该写字楼经核准原值为150亿元，北京地区规定房产税计税余值允许减除房产原值的30%，则该写字楼的房产税的计税余值为多少？

答：该房地产的计税余值=房产原值×（1-原值减除率）=150×（1-30%）=105（亿元）

【例6-2】某地区美美百货公司经营一家中型商厦，该商厦经核准原值为18亿元，且该地区规定计算房产计税余值时允许扣除比例为20%，则该商厦的计税余值为多少？

答：该商厦的计税余值=房产原值×（1-原值减除率）=180 000×（1-20%）=144 000（万元）

5.房产税的减免税规定

房产税的减税、免税优惠，主要包括以下规定：

①国家机关、人民团体、军队自用的房产免税，但上述免税单位的出租房产以及非自身业务使用的生产、营业用房，不属于免税范围。

②由国家财政部门拨付事业经费的单位自用的房产免税。

③宗教寺庙、公园、名胜古迹自用的房产免税。

④个人拥有的非营业用的房产免税。

⑤企业办的各类学校、医院、托儿所、幼儿园自用的房产免税。

⑥经有关部门鉴定，对毁损不堪居住的房屋和危险房屋，在停止使用后，可免征房产税。

⑦军队空余房产租赁收入暂免征收房产税。

⑧基建工地临时性房屋，施工期间一律免征房产税。基建工程结束以后，施工企业将这种临时性房屋交还或者估价转让给基建单位的，应当从基建单位接收的次月起，依照规定征收房产税。

⑨纳税人因房屋大修导致连续停用半年以上的，在房屋大修期间免征房产税。

⑩按政府规定价格出租的公有住房和廉租住房，暂免征收房产税。

⑪对经营公租房所取得的租金收入，免征房产税。

⑫房地产开发企业建造的商品房在出售前不征收房产税，但出售前房地产开发企业已经使用或者出租、出借的商品房应该征税。

⑬铁道部所属铁路运输企业自用的房产，免征房产税（地方铁路运输企业自用房产比照此方法）。

⑭对行使国家行政管理职能的中国人民银行总行（含国家外汇管理局）所属分支机构自用的房产，免征房产税。

⑮纳税单位与免税单位共同使用的房屋，按照各自使用的部分划分，分别征收或者免征房产税。

⑯老年服务机构自用的房产暂免征收房产税。

⑰对高校学生公寓免征房产税。

⑱自2019年1月1日至2021年12月31日，对专门经营农产品的农产品批发市场、农贸市场使用的房产、土地，暂免征收房产税和城镇土地使用税。

小知识

房产税改革试点

大家知道，美国的个人住房每年都是要缴纳房产税的，税率平均为0.8%~3%。但是，通过学习上面的免税规定，我们知道，国内个人所拥有的普通住房，不论面积大小都免征房产税。也就是说，个人不论拥有多少套住房，都是不用缴纳房产税的，其持有成本几乎为零。因此，这几年来，我国房地产市场出现一个特殊的群体，他们大肆购买房屋，然后无成本持有一段时间，等房价被炒高之后卖掉，赚取高额的差价。这些人被称为“炒房族”，为人们所深恶痛绝。

从2010年开始，国家开始在重庆、上海等地进行房产税的改革试点工作，其改革重点就是对满足一定条件的居民住房征收房产税。比如，上海规定，对外来人口新购房屋、本地人口新购二套及以上房屋，或者家庭人均住房面积超过标准，均要征收房产税。又如，自2017年1月14日起，在重庆市同时无户籍、无企业、无工作的个人新购的首套及以上的普通住房，须缴纳房产税。也就是说，上海、重庆两地居民如果拥有的住房超标，其持有成本就不再是0，需要每年缴纳一定的房产税。因此，在保障居民基本住房需求的前提下，对个人住房征收房产税，通过增加住房持有成本，可以引导购房者理性地选择居住面积适当的住房，从而促进土地的节约集约利用。

总之，按照国家目前“逐步推进房产税改革”的趋势，全国性地对居民住房征收房产税，可以说已经被提上日程，势在必行了。

二、房产税应纳税额的计算

1.从价计征应纳税额的计算

从价计征应纳税额的计算公式为：

年应纳税额=计税余值×适用税率（1.2%）

其中：

计税余值=房产原值×（1-原值扣除比例）

则有：

年应纳税额=房产原值×（1-原值扣除比例）×适用税率（1.2%）

2.从租计征应纳税额的计算

从租计征应纳税额的计算公式为：

应纳税额=房产租金收入×适用税率（12%）

特别地，对个人按市场价格出租的居民住房，且用于居住的，可暂减按4%的税率进行征收。

【例6-3】红星商贸公司2016年将自有房产（原值6 000万元）用于生产，当地规定房产原值一次扣除率为30%，计算该公司应纳的房产税为多少。

分析：因为该公司的房产为自用，所以应按从价计征方法来计算。

该公司房产税的应纳税额=房产原值×（1-原值扣除比例）×适用税率

=6 000×（1-30%）×1.2%

=50.4（万元）

【例6-4】某公司2019年自有房产原值5 000万元，全部出租给其他企业，年租金120万元，则该公司当年应纳的房产税为多少？

分析：因为该公司房产全部用于出租，所以应按从租计征方法来计算。

该公司房产税的应纳税额=全年租金收入×适用税率=120×12%=14.4（万元）

【例6-5】某公司2019年将自有房产全部出租给其他企业，月租为5万元，则该公司当年应纳的房产税为多少？

分析：因为该公司房产全部用于出租，所以按从租计征方法来计算，年租金等于月租金乘以12个月。

该公司房产税的应纳税额=全年租金收入×适用税率=5×12×12%=7.2（万元）

【例6-6】李某将个人闲置的房屋用于出租，租给外地人贾某居住，月租2 000元。计算李某当年应纳的房产税税额。

分析：因为该房产属于居民用房，且出租用途为居住，减按4%的税率征收。

李某房产税的应纳税额=全年租金收入×适用税率=2 000×12×4%=960（元）

【例6-7】某公司2019年自有房产原值6 000万元，其中2/3用于自己经营，1/3用于出租给其他企业，年租金收入为50万元，当地房产原值扣除比例为30%。计算该公司当年应纳的房产税税额。

分析：因为该公司房产既有自用的，又有用于出租的，所以根据比例来划分自用和出租部分，其中自用部分按从价计征计算，出租部分按从租计征计算，则有：

（1）自用房产的应纳税额=6 000×2/3×（1-30%）×1.2%=33.6（万元）

（2）出租房产的应纳税额=50×12%=6（万元）

三、房产税的纳税申报

1.房产税的纳税义务发生时间

房产税纳税义务发生时间的主要规定如下：

（1）纳税人将原有房产用于生产经营，从生产经营之月起，计征房产税。

（2）纳税人自行新建房屋用于生产经营，从建成之日的次月起，计征房产税。

（3）纳税人委托施工企业建设的房屋，从办理验收手续之日的次月起，计征房产税。对纳税人在办理验收手续前已经使用或出租、出借的新建房屋，应从使用或出租、出借的当月起按规定计征房产税。

（4）纳税人购置新建商品房，自房屋交付使用之日的次月起，计征房产税。

（5）纳税人购置存量房，自办理房屋权属转移、变更登记手续，房地产权属登记机关签发房屋权属证书之日的次月起，计征房产税。

（6）纳税人出租、出借房产，自交付出租、出借房产之日的次月起，计征房产税。

（7）房地产开发企业自用、出租、出借本企业建造的商品房，自房屋使用或交付之日的次月起，计征房产税。

2. 房产税的纳税申报

房产税的纳税人应按税法的有关规定，及时办理纳税申报，并如实填写“房产税纳税申报表”。房产税纳税申报表的格式及内容见表6-1。

表6-1 房产税纳税申报表

税款所属时期：　　年　　月　　日至　　年　　月　　日　　　　计算单位：元、平方米

<table>
<tr><td rowspan="2">纳税人名称</td><td rowspan="2"></td><td>纳税编码</td><td colspan="2"></td><td colspan="2">身份证号码（个人）</td><td colspan="2"></td><td colspan="2">电话</td></tr>
<tr><td>房产所属税务机关</td><td colspan="2"></td><td colspan="2">组织机构代码（单位）</td><td colspan="4"></td></tr>
<tr><td>房产登记编号</td><td>房产地址</td><td>房屋名称（楼名、栋号、房号）</td><td>房产用途</td><td>房产原值</td><td>计税余值</td><td>适用税率</td><td>年应缴纳税额</td><td>本期应缴税额</td><td>本期减免税额</td><td>本期实缴税额</td></tr>
<tr><td></td><td></td><td></td><td></td><td></td><td></td><td></td><td></td><td></td><td></td><td></td></tr>
<tr><td></td><td></td><td></td><td></td><td></td><td></td><td></td><td></td><td></td><td></td><td></td></tr>
<tr><td></td><td></td><td></td><td></td><td></td><td></td><td></td><td></td><td></td><td></td><td></td></tr>
<tr><td colspan="2">合计</td><td></td><td></td><td></td><td></td><td></td><td></td><td></td><td></td><td></td></tr>
</table>

受理税务机关（章）：　　　　受理录入日期：　　　　受理录入人：

注：房产税属于地方税种，各地的纳税申报表格式不尽相同，此表仅供参考。

3. 房产税的缴纳办法

（1）纳税期限。房产税实行按年征收、分期缴纳的征收办法，其具体纳税期限由各省、自治区和直辖市人民政府确定。

（2）纳税地点。房产税在房产所在地缴纳，如纳税人与房产不在同一地点的，应按房产的坐落地点分别向房产所在地的税务机关缴纳。

（3）房产税的档案管理。各地税务机关应利用房地产交易与权属等级信息，建立和完善房地产税收税源登记档案和税源数据库，同时要注意及时更新数据。与此同时，要定期比对权属登记资料信息与房地产税收征管信息，查找漏征税款，建立催缴制度，及时查补税款。

任务二　认知契税

契税在我国历史悠久。它最初起源于东晋时期的“估税”。当时规定，凡买卖田宅、奴婢、牛马而立有契据者，每一万钱官府即征收四百钱。此后历朝历代，均把“契税”作为定制，涉及土地和房屋买卖、典当等产权变动，都进行税负的征收。中华人民共和国成立后颁布的第一个税法，就是1950年的《中华人民共和国契税暂行条例》，规定对土地、房屋的买卖、典当、赠与和交换征收契税，后几经修改沿用至今。目前我国开征的契税是一种财产税，属于地方税种。它在公平税负，规范房地产市场、促进房地产经济的发展和建立良好的房地产市场秩序，以及增加地方政府的财政收入等方面，都具有十分重要的现实意义。

一、契税概述

1.契税的概念

契税，是以在中国境内出让、转让、买卖、赠与、交换发生权属转移的土地、房屋为征税对象而征收的一种财产税。

我国现行契税的基本规范有1997年7月国务院颁布的《中华人民共和国契税暂行条例》，同年10月财政部制定的《中华人民共和国契税暂行条例细则》，以及11月国家税务总局印发的《关于契税征收管理若干具体事项的通知》等。

2.契税的特点

（1）契税属于财产转移税。契税以发生转移的不动产，即土地和房屋为征税对象，具有对财产转移课税的性质。

（2）契税由产权承受人缴纳。契税由土地、房屋的买方（需求方）纳税，是唯一从需求方进行调节的税种。对买方征税的目的，在于承认不动产转移生效，承受人纳税后，其所拥有转移过来的土地或房屋的权属就受到国家法律法规的保护。

（3）契税具有课税范围广泛、取得收入及时、税基相对稳定、征收操作简便等特点。因此，契税筹集财政收入的功能很强，同时还具备调控房地产市场、促进社会经济健康发展的作用。

3.契税的纳税人、征税对象和征税范围

（1）契税的纳税人。契税的纳税人，是指在我国境内承受土地、房屋权属转移的单位和个人。

“土地、房屋权属”，是指土地使用权和房屋所有权。

“承受”，是指以受让、购买、受赠、交换等方式取得土地、房屋权属的行为。

“单位”，包括企业、事业单位、国家机关、军事单位、社会团体及其他组织。

“个人”，是指个体经营者和其他个人，包括中国公民和外籍人员。

（2）契税的征税对象和征税范围。契税的征税对象，是在我国境内转移土地、房屋权属的行为。土地权属转移，是指土地使用权的转移，包括土地使用权出让和土地使用权转让两种方式；房屋权属转移，是指房屋所有权的转移，包括买卖、赠与和交换等几种方式。

契税具体的征税范围主要包括以下几项内容：

①国有土地使用权出让：是指土地使用者向国家支付土地使用权出让费用，国家将国有土地使用权在一定年限内让与土地使用者的行为。

②土地使用权转让：是指土地使用者以出售、赠与、交换或其他方式，将土地使用权转移给其他单位和个人的行为，其中包括国有土地使用权转让和集体土地使用权转让，但不包括农村集体土地承包经营权的转移。

③房屋买卖：是指房屋所有者将其所有的房屋出售给购买者，由购买者支付一定货币、实物、无形资产或其他经济利益，从而取得房屋所有权的行为。

④房屋赠与：是指房产所有者将其房屋所有权无偿转让给受赠人的行为。

⑤房屋交换：是指房屋所有者之间互相交换房屋的行为。

⑥其他行为。随着市场经济的发展，一些利用特殊方式转移土地、房屋权属的行为，在税收法规和税收实践中，也视同土地使用权转让、房屋买卖或房屋赠与，需要照章缴纳契税，包括以土地、房屋权属作价投资、入股；以土地、房屋权属抵债；以获奖方式取得土地、房屋权属；以预购方式或预付集资建房款方式取得土地、房屋权属；买房后拆料或翻建新房。

4.契税的计税依据和税率

（1）契税的计税依据。基本而言，契税的计税依据为不动产的价格。由于不动产转移方式不同、定价方法不同，契税的计税依据视不同情况而定，具体规定为：

①国有土地使用权出让、土地使用权出售和房屋买卖的计税依据，为成交价格。此成交价格是指土地、房屋权属转移合同确定的价格，包括承受者应交付的货币、实物、无形资产或者其他经济利益。

②土地使用权赠与、房屋赠与的计税依据，由征收机关参照土地使用权出售、房屋买卖的市场价格来核定。

③土地使用权交换、房屋交换的计税依据，为所交换的土地使用权、房屋的价格差额。也就是说，交换价格相等时，免征契税；交换价格不等时，由多交付货币、实物、无形资产或者其他经济利益的一方缴纳契税税款。

④以划拨方式取得土地使用权，经批准转让房地产时，由房地产转让者补交契税。其计税依据为补交的土地使用权出让费用或者土地收益。

此外，为了避免偷、逃税款，税法规定，成交价格明显低于市场价格且无正当理由的，或者所交换土地使用权、房屋的价格的差额明显不合理，且无正当理由的，由征收机关参照市场价格核定计税依据。

【例6-8】甲公司以价值1 000万元的楼房与乙公司互换一处办公楼，并向乙公司支付差价300万元。请问在此次互换中，哪家公司需要缴纳契税，其计税依据是多少？

分析：契税相关法规规定，房屋交换价格不等时，由多交付的一方缴纳契税税款，计税依据为所交付的价格差额。因此，甲公司作为多交付的一方，需要缴纳契税，计税依据为300万元。

（2）契税的税率。契税采用幅度比例税率，税率为3%~5%。具体税率由各省、自治区和直辖市人民政府在幅度税率规定的范围内，按照本地区的实际情况确定，以适应不同地区纳税人的负担水平和调控房地产市场的需要。

5.契税的减免税规定

（1）减免税的一般规定：

①国家机关、事业单位、社会团体、军事单位承受土地、房屋用于办公、教学、医疗、科研和军事设施的，免征契税。

②城镇职工按规定第一次购买公有住房，免征契税。

③因不可抗力灭失住房而重新购买住房的，酌情减免。

④土地、房屋被县级以上人民政府征用、占用后，重新承受土地、房屋权属的，由省级人民政府确定是否减免。

⑤承受荒山、荒沟、荒丘、荒滩土地使用权，并用于农、林、牧、渔业生产的，免征契税。

⑥经外交部确认，依照中国有关法律规定以及中国缔结或参加的双边和多边条约或协定，应当予以免税的外国驻华使馆、领事馆、联合国驻华机构及其外交代表、领事官员和其他外交人员承受土地、房屋权属的，免征契税。

（2）减免税的特殊规定：

①自2016年2月22日起，对个人购买家庭唯一住房（家庭成员范围包括购房人、配偶以及未成年子女，下同），面积为90平方米及以下的，减按1%的税率征收契税；面积为90平方米以上的，减按1.5%的税率征收契税。对个人购买家庭第二套改善性住房，面积为90平方米及以下的，减按1%的税率征收契税；面积为90平方米以上的，减按2%的税率征收契税。

②《中华人民共和国继承法》规定的法定继承人（配偶、子女、父母、兄弟姐妹、祖父母、外祖父母）继承土地、房屋权属，不征契税。非法定继承人根据遗嘱承受土地、房屋权属，属于赠与行为，应征收契税。

③自2010年1月1日起，对于城市和国有工矿棚户区改造安置住房（以下简称“改造安置住房”），给予税收扶持政策：对经营管理单位回购已分配的改造安置住房继续作为改造安置房源的，免征契税。

个人首次购买90平方米及以下改造安置住房的，可按1%的税率计征契税；购买超过90平方米但符合普通住房标准的改造安置住房的，按法定税率减半计征契税。

对拆迁居民因拆迁重新购置住房的，对购房成交价格中相当于拆迁补偿款的部分免征契税；成交价格超过拆迁补偿款的，对超过部分征收契税。

④自2011年9月1日起，婚姻关系存续期间，房屋、土地权属原归夫妻单方所有，变更为夫妻双方共同共有的，免征契税。

⑤自2018年1月1日至2020年12月31日，企事业单位改制重组涉及的契税，适用以下优惠政策：企业改制重组、事业单位改制成企业，对改制重组（变更）后公司承受的原企业土地、房屋权属，免征契税；两个或两个以上的企业，依据法律规定、合同约定，合并为一个企业，对其合并后的企业承受原合并各方的土地、房屋权属，免征契税；债权人承受依法关闭、破产企业抵债的土地、房屋权属，免征契税。非债权人承受依法关闭、破产企业抵债的土地、房屋权属，凡妥善安置原企业30%以上职工的，减半征收契税；全部安置原企业职工的，免征契税。

⑥对金融租赁公司开展售后回租业务，承受承租人房屋、土地权属的，照章征税。对售后回租合同期满，承租人回购原房屋、土地权属的，免征契税。

⑦市、县级人民政府根据《国有土地上房屋征收与补偿条例》的有关规定征收居民房屋，居民因个人房屋被征收而选择货币补偿用以重新购置房屋，并且购房成交价格不超过货币补偿的，对新购房屋免征契税；购房成交价格超过货币补偿的，对差价部分按规定征收契税。居民因个人房屋被征收而选择房屋产权调换，并且不缴纳房屋产权调换差价的，对新换房屋免征契税；缴纳房屋产权调换差价的，对差价部分按规定征收契税。

⑧个体工商户的经营者将其个人名下的房屋、土地权属转移至个体工商户名下的，或者个体工商户将其名下的房屋、土地权属转回原经营者个人名下的，免征契税。

⑨已购公有住房经补缴土地出让金和其他出让费用成为完全产权住房的，免征契税。

⑩2019年1月1日至2020年12月31日，对公租房经营管理单位购买住房作为公租房的，免征契税。

⑪ 2018年1月1日至2020年12月31日，对易地扶贫搬迁贫困人口按规定取得的安置住房，免征契税。

⑫ 2019年1月1日至2020年12月31日，对农村饮水工程运营管理单位为建设饮水工程而承受土地使用权的，免征契税。

⑬2019年6月1日至2025年12月31日，承受房屋、土地用于提供社区养老、托育、家政服务的，免征契税。

⑭2018年1月1日至2020年12月31日，在商品住房等开发项目中配套建设安置住房的，按安置住房建筑面积占总建筑面积的比例，计算应予免征的安置住房用地相关的契税。

课堂讨论：

方某婚前自有一套住房，2015年结婚之后，打算在房产证上加上妻子赵某的名字，将房子的权属由个人独有变更为夫妻双方共同共有。请问，此次房屋权属的转移行为需要缴纳契税吗？

提示：

方某把房屋从个人独有变更为夫妻双方共同共有，效果等同于房屋所有权的无偿赠与，理应视同房屋赠与，需照章缴纳契税。但是，根据契税的免税规定，自2011年9月1日起，婚姻关系存续期间，房屋权属原来归夫妻单方所有变更为夫妻共同共有的，免征契税，因此，此次房屋权属的转移行为无须缴纳契税。

二、契税应纳税额的计算

契税的应纳税额，应依照各省、自治区和直辖市人民政府确定的适用税率和税法规定的计税依据进行计算征收。契税采用从价定率征收，其基本计算公式为：

应纳税额=计税依据×适用税率

【例6-9】2019年3月，小张为了结婚准备婚房，在某楼盘购买了个人的第一套住房，面积为80平方米，售价为80万元。请你帮小张计算一下需要缴纳多少契税。

分析：由于这是小张首次购买90平方米以下普通住房，契税暂减按1%征收。

应纳税额=计税依据×适用税率=800 000×1%=8 000（元）

【例6-10】2019年2月，风华婚庆公司购入一处临街铺面作为新的营业地点，成交价为240万元；原来的营业地点则与另一家公司互换，换来一处仓库，打算装修后作为婚纱摄影棚，风华婚庆公司为此还多支付了30万元的差额。已知当地契税税率为3%，计算风华公司需要缴纳多少契税。

答：（1）购入铺面应纳税额=240×3%=7.2（万元）

（2）互换房产应纳税额=30×3%=0.9（万元）

风华婚庆公司一共需要缴纳8.1万元（7.2+0.9）契税。

【例6-11】甲企业2019年发生下列房地产交易业务：

答：（1）出售厂房所有权，取得收入4 000万元；

（2）购买一层写字楼作为办公室，成交价为800万元；

（3）受赠楼房一套，资产评估机构的评估价为300万元。

已知当地契税税率为3%，计算甲企业需要缴纳多少契税。

分析：（1）契税由买方（需求方）缴纳，甲企业作为卖方不需缴纳契税。

（2）购买房产应纳税额为24万元（800×3%）。

（3）受赠房产应纳税额为9万元（300×3%）。

甲企业一共需要缴纳33万元（24+9）契税。

三、契税的纳税申报

1.契税的纳税义务发生时间

契税的纳税义务发生时间，主要规定如下：

①纳税人在签订土地、房屋权属转移合同的当天，或取得其他具有土地、房屋权属转移合同性质凭证的当天；

②纳税人改变土地、房屋的用途，不再属于减征、免征契税范围的，为实际改变土地、房屋用途的当天。

2.契税的纳税申报

契税的纳税人应当自纳税义务发生时间之后，按规定向土地、房屋所在地的税务机关填写、提交“契税纳税申报表”，办理纳税申报。契税纳税申报表的格式及内容见表6-2。

表6-2 契税纳税申报表

填表日期： 年 月 日 单位：元/平方米

承受方	名称		纳税人识别号	
	地址		联系电话	
转让方	名称		纳税人识别号	
	地址		联系电话	
土地、房屋权属转移	合同签订时间			
	土地、房屋地址			
	权属转移类别			
	权属转移面积			平方米
	成交价格			元
适用税率				
计征税额				元
减免税额				元
应纳税额				元
纳税人员签章		经办人员签章		
（以下部分由征收机关负责填写）				
征收机关收到日期		接收人		审核日期	
审核记录				
审核人员签章		征收机关签章		

3.契税的缴纳办法

（1）纳税期限。纳税人应当自纳税义务发生之日起10日内，向土地、房屋所在地的税务机关办理纳税申报，并在税务征收机关核定的期限内缴纳税款，索取完税凭证。

（2）纳税地点。契税实行属地征收管理。纳税人发生契税纳税义务时，应向土地、房屋所在地的税务机关申报纳税。

（3）纳税环节。契税采用由税务征收机关负责自征的办法，不得委托代征。《契税暂行条例》规定，契税的纳税环节是在签订土地、房屋权属转移合同或纳税人取得其他具有土地、房屋权属转移合同性质凭证之后，办理土地使用证、房屋产权证之后。

任务三　认知印花税

行为税是以某些特定行为作为征税对象的一类税，它具有临时性和偶然性的特点，不像流转税和所得税那样税源普遍、集中和稳定。在整个税制体系中，行为税不能作为主体税种，而是作为辅助性的税种，弥补主体税种在调节经济中的不足，发挥“拾遗补阙”的作用。各国开征行为税的名目繁多，如彩票税、狩猎税、筵席税和赌博税等。印花税作为行为税中较常见和较重要的税种，历史悠久，最早始于17世纪的荷兰。当时的执政者注意到，在日常生活中用到契约、凭证类单据的时候很多，一旦征税，税源将会很多；而且，人们还有一个心理，认为单据上由政府盖个章，就会成为合法凭证，得到法律保障，因而也乐于缴纳印花税。因此，印花税被认为是一种税源广泛、手续简便的“良税”，得到各国的竞相效仿。中华人民共和国成立后，规定印花税为全国统一开征的14个税种之一。

一、印花税概述

1.印花税的概念

印花税是对经济活动和经济交往中书立、使用、领受具有法律效力的应税凭证的单位和个人征收的一种税。印花税是一种行为税。

印花税是世界各国普遍征收的一个税种。我国现行印花税的基本规范是1988年8月国务院颁布的《中华人民共和国印花税暂行条例》（简称《印花税暂行条例》），9月财政部制定的《中华人民共和国印花税暂行条例施行细则》，以及12月国家税务总局印发的《关于印花税若干具体问题的规定》等。

2.印花税的特点

（1）兼有凭证税和行为税的性质。一方面，印花税是对单位和个人书立、使用和领受的应税凭证征收的税种，具有凭证税性质；另一方面，应税经济凭证反映的都是某些特定经济行为，因此印花税实质上也是对经济行为的征税。

（2）征收范围广泛。印花税的征税对象包括经济活动和经济交往中的各种应税经济凭证，其征税范围极其广泛，并且，随着市场经济的发展和经济法制的日益完善，依法书立、领受经济凭证的现象将会越来越普遍，印花税的征收面将会更加广阔。

（3）税收税率极低，税负较轻。与其他税种相比，印花税的税率较低，一般为应税凭证所载金额的万分之几，税负较轻，具有广集资金、积少成多的财政效应。

（4）由纳税人自行完成纳税义务，征收简便。纳税人通过自行计算、购买印花税票，并一次足额粘贴在应税经济凭证上的方法完成纳税义务，并在印花税票和凭证的骑缝处自行盖戳注销或划销。与其他税种的缴纳方法存在巨大的差异。

3.印花税的征税对象、征税范围和纳税人

（1）征税对象和征税范围。印花税的征税对象为《印花税暂行条例》中所列举的各种应税经济凭证。印花税对《印花税暂行条例》中列举的凭证征税，未列举的不征税，其具体的征收范围包括以下几类：

①经济合同：包括购销、加工承揽、建设工程承包、财产租赁、货物运输、仓储保管、借款、财产保险、技术合同。

②产权转移书据：包括财产所有权、版权、商标专用权、专利权、专有技术使用权等转移书据。

③营业账簿：包括单位和个人从事生产经营活动所设立的各种账册，如记载资金的账簿和其他营业账簿。

④权利、许可证照：包括房屋产权证、营业执照、商标注册证、专利证、土地使用证等。

⑤经财政部确定征税的其他凭证。

（2）印花税的纳税人。印花税的纳税人是在中国境内书立、使用和领受应税经济凭证的单位和个人。所称单位和个人，是指国内各类企业、事业单位、国家机关、社会团体、军事单位以及中外合资、合作企业、外国公司和其他经济组织及其在华机构等单位和个人。根据书立、使用和领受应税经济凭证的不同情况，其纳税人可分别确定为立合同人、立据人、立账簿人、领受人和使用人等。

①立合同人。各类合同的纳税人是立合同人，它是指合同的当事人。所谓当事人，是指对凭证有直接权利义务关系的单位和个人，但不包括合同的担保人、证人、鉴定人。

②立据人。产权转移书据的纳税人是立据人。自2008年9月19日起，我国对买卖、继承、赠与所书立的A股、B股股权转让书据的出让方（卖方）按1‰的税率征收证券（股票）交易印花税，对受让方（买方）则不再征收印花税。

③立账簿人。营业账簿的纳税人是立账簿人，是指设立并使用营业账簿的单位和个人。

④领受人。权利、许可证照的纳税人是领受人，是指领取或接受并持有该项凭证的单位和个人。

⑤使用人。在国外书立、领受但在国内使用的应税凭证，其纳税人是使用人。

4.印花税的税目及税率

印花税根据各种应税经济凭证的性质和特点，采用列举凭证设置税目，共设置了13个税目。具体的税目和税率见表6-3。

表6-3 **印花税税目及税率表**

序号	税目	范围	税率	纳税人	说明
1	购销合同	包括供应、预购、采购、购销、结合及协作、调剂、补偿、易货等合同	按购销金额0.3‰贴花	立合同人	
2	加工承揽合同	包括加工、定作、修缮、修理、印刷广告、测绘、测试等合同	按加工或承揽收入0.5‰贴花	立合同人	
3	建设工程勘察设计合同	包括勘察、设计合同	按收取费用0.5‰贴花	立合同人	
4	建筑安装工程承包合同	包括建筑、安装工程承包合同	按承包金额0.3‰贴花	立合同人	
5	财产租赁合同	包括租赁房屋、船舶、飞机、机动车辆、机械、器具、设备等合同	按租赁金额1‰贴花。税额不足1元的，按1元贴花	立合同人	
6	货物运输合同	包括民用航空运输、铁路运输、海上运输、内河运输、公路运输和联运合同	按运输费用0.5‰贴花	立合同人	单据作为合同使用的，按合同贴花
7	仓储保管合同	包括仓储、保管合同	按仓储保管费用1‰贴花	立合同人	仓单或栈单作为合同使用的，按合同贴花
8	借款合同	银行及其他金融组织和借款人（不包括银行同业拆借）所签订的借款合同	按借款金额0.05‰贴花	立合同人	单据作为合同使用的，按合同贴花
9	财产保险合同	包括财产、责任、保证、信用等保险合同	按保险费收入1‰贴花	立合同人	单据作为合同使用的，按合同贴花

续表

序号	税目	范围	税率	纳税人	说明
10	技术合同	包括技术开发、转让、咨询、服务等合同	按所载金额0.3‰贴花	立合同人	
11	产权转移书据	包括财产所有权和版权、商标专用权、专利权、专有技术使用权等转移书据、土地使用权出让合同、土地使用权转让合同、商品房销售合同	按所载金额0.5‰贴花	立据人	
12	营业账簿	生产、经营用账册	记载资金的账簿，按实收资本和资本公积的合计金额0.5‰贴花。其他账簿按件贴花5元	立账簿人	
13	权利、许可证照	包括政府部门发给的房屋产权证、营业执照、商标注册证、专利证、土地使用证	按件贴花5元	领受人	

从表6-3可知，印花税的税率采用比例税率和定额税率两种形式。具体总结如下：

（1）比例税率。印花税的比例税率从低到高依次为0.05‰、0.3‰、0.5‰和1‰，一共4档。其中：适用0.05‰税率的，为借款合同；适用0.3‰税率的，有购销合同、建筑安装工程承包合同和技术合同；适用0.5‰税率的，有加工承揽合同、建设工程勘察设计合同、货物运输合同、产权转移书据、营业账簿税目中记载资金的账簿；适用1‰税率的，有财产租赁合同、仓储保管合同、财产保险合同和股权转移书据。

（2）定额税率。其他营业账簿、权利许可证照采用定额税率，税率为每件5元。

5.印花税的减免税规定

下列经济凭证可以免征印花税：

（1）已经缴纳印花税的凭证的副本、抄本。

（2）国家指定的收购部门与村民委员会、农民个人书立的农副产品收购合同。

（3）财产所有人将财产赠给政府、抚养孤老伤残人员的社会福利单位、学校所立的书据。

（4）外国政府、国际金融组织向中国政府及国家金融机构提供优惠贷款所书立的合同。

（5）无息、贴息贷款合同。

（6）农牧业保险合同。

（7）房产管理部门与个人签订的用于生活居住的住房租赁合同。

（8）特殊货运凭证，免征印花税。按照规定，运输下列特殊货物免征印花税：

①凡附有军事运输命令或使用专用设备的军事物资运输结算凭证；

②凡附有县级以上（含县级）人民政府抢险救灾物资运输证明文件的运输结算凭证；

③为新建铁路运输施工所属物料，使用工程临管线专用运费结算凭证。

（9）企业因改制签订的产权转移书据。

（10）自2018年1月1日至2020年12月31日，对金融机构与小型、微型企业签订的借款合同免征印花税。

（11）自2018年5月1日起，对按万分之五税率贴花的资金账簿减半征收印花税，对按件贴花5元的其他账簿免征印花税。

（12）自2019年1月1日至2021年12月31日，对商品储备管理公司及其直属库资金账簿免征印花税；对其承担商品储备业务过程中书立的购销合同免征印花税，对合同其他各方当事人应缴纳的印花税照章征收。

（13）自2018年1月1日至2020年12月31日，对易地扶贫搬迁项目实施主体（以下简称“项目实施主体”）取得用于建设安置住房的土地，免征印花税；对安置住房建设和分配过程中应由项目实施主体、项目单位缴纳的印花税，予以免征；在商品住房等开发项目中配套建设安置住房的，按安置住房建筑面积占总建筑面积的比例，计算应予免征的项目实施主体、项目单位相关的印花税；对项目实施主体购买商品住房或者回购保障性住房作为安置住房房源的，免征印花税。

（14）自2019年1月1日至2020年12月31日，对公租房经营管理单位购买住房作为公租房的，免征印花税；对公租房租赁双方免征签订租赁协议涉及的印花税。

（15）自2019年1月1日至2020年12月31日，对农村饮水工程运营管理单位为建设饮水工程取得土地使用权而签订的产权转移书据，以及与施工单位签订的建筑安装工程承包合同，免征印花税。

（16）自2019年1月1日至2021年12月31日，对与高校学生签订的高校学生公寓租赁合同，免征印花税。

二、印花税的计税依据及税额计算

1.印花税的计税依据

印花税分为从价计征和从量计征两种。其中：

（1）实行从价计征的凭证，以凭证所载的金额为计税依据，具体规定为：

①购销合同为购销金额；

②加工承揽合同为加工或承揽收入；

③建设工程勘察设计合同为收取的费用；

④建筑安装工程承包合同为承包金额；

⑤财产租赁合同为租赁金额；

⑥货物运输合同为运输费用，但不包括装卸费用；

⑦仓储保管合同为仓储保管费用；

⑧借款合同为借款金额；

⑨财产保险合同为保险费收入；

⑩技术合同为合同所载金额；

⑪产权转移书据为所载金额；

⑫营业账簿中记载资金的账簿，为“实收资本”与“资本公积”两项的合计金额。

（2）实行从量计征的凭证，以凭证的数量（件数）为计税依据，包括营业账簿中的其他账簿，以及权利、许可证照。

2.印花税应纳税额的计算

印花税分为从价计征和从量计征两种，它们分别采用比例税率和定额税率的形式。

（1）采用比例税率的凭证，印花税应纳税额的计算公式为：

应纳税额=应税凭证计税金额×适用的比例税率

【例6-12】某企业2019年与中国工商银行签订短期借款合同，借款金额500万元；又与华宇物流公司签订货物运输合同，载明运输费用20万元（含装卸费2万元）。计算该企业需要缴纳多少印花税。

分析：装卸费不属于货物运输合同的计税依据，应予以扣除。

应纳税额=5 000 000×0.05‰+（200 000-20 000）×0.5‰=250+90=340（元）

（2）采用定额税率的凭证，印花税应纳税额的计算公式为：

应纳税额=应税凭证计税件数×定额税率

【例6-13】某企业2019年新启用非资金账簿17本，并领受土地使用证、房屋产权证和营业执照各一件。计算该企业需要缴纳多少印花税。

分析：非资金账簿属于从量计征，税率为每件5元。

应纳税额=（17+3-1）×5=95（元）

【例6-14】红星电器公司本年度新启用非资金账簿12本，并领受土地使用证、房屋产权证、营业执照和卫生优秀单位证书各一件。除此之外，还签订了如下经济合同：

（1）与某运输企业签订一项货物运输合同，合同所载的运输费用为30万元；

（2）与供货方签订一份采购合同，合同注明向供货方采购80万元的原材料。

计算该企业需要缴纳多少印花税。

分析：非资金账簿属于从量计征，税率为每件5元。卫生优秀单位证书不属于应税经济凭证，不需缴纳印花税。

应纳税额=（12+3−1）×5+300 000×0.5‰+800 000×0.3‰=70+150+240=460（元）

三、印花税的纳税申报

1.印花税的纳税义务发生时间与纳税地点

（1）纳税义务发生时间。印花税应在书立、使用或领受时贴花，具体是指在合同签订时、账簿启用时和证照领受时贴花。如果合同是在国外签订，并且不便在国外贴花的，应在合同入境时办理贴花手续。

（2）纳税地点。印花税一般实行就地纳税。对于全国性商品物资订货会（包括展销会、交易会等）上所签订合同应纳的印花税，由纳税人回到其所在地后及时办理贴花完税手续；对地方主办、不涉及省级关系的订货会、展销会上所签订合同的印花税，其纳税地点由各省、自治区和直辖市人民政府自行确定。

2.印花税的纳税办法

印花税的纳税办法，根据税额大小、贴花次数以及税收征收管理的需要，分别采用以下三种纳税方法：

（1）自行贴花办法。这种办法一般适用于应税凭证较少或者贴花次数较少的纳税人。自行贴花办法是指纳税人书立、使用或领受《印花税暂行条例》列举的应税凭证，应根据纳税凭证的性质和适用的税率，自行计算应纳税额、购买印花税票、一次贴足印花税票并加以注销或划销。只有这样，纳税人的纳税义务才算全部履行完毕。

对于已经贴花的凭证，修改后所载金额增加的，其增加部分应当补贴印花税票；所载金额减少的，其多贴的印花税票不得申请退税或抵用。

（2）汇贴或汇缴办法。印花税票金额超过500元可申请采用汇贴办法，汇缴是由于同一事项需要频繁贴花采用的方法。这两种办法一般适用于应纳税额较大或者贴花次数频繁的纳税人。

①汇贴：即一份凭证应纳税额超过500元的，应向当地税务机关申请填写缴款书或完税凭证，将其中一联粘贴在凭证上或者由税务机关在凭证上加注完税标记代替贴花。

②汇缴：即同一类应纳税凭证，需频繁贴花的，纳税人应向当地税务机关申请按期汇总缴纳印花税。税务机关对核准汇总缴纳的单位，应发给汇缴许可证，汇总缴纳的限期限额由当地税务机关确定，但最长期限不得超过1个月。凡汇总缴纳印花税的凭证，应加注税务机关指定的汇缴戳记，编号并装订成册，将已贴印花或者缴款书的一联粘贴在册后，盖章注销，保存备查。

（3）委托代征办法。为加强征收管理，简化手续，印花税可以委托有关部门代征，实行源泉控制。因此，委托代征办法主要就是通过税务机关的委托，经由发放或办理应纳税凭证的单位代为征收印花税税款。例如，市场监督管理部门核发各类营业执照和商标注册证的同时，负责代售印花税票，征收印花税，并监督领受单位或个人负责贴花。

纳税人不论采用哪一种纳税办法，均应对纳税凭证妥善保存。凭证的保存期限，凡是国家已有明确规定的，按规定办理；其余凭证则应在履行完毕后保存一年。

小知识

印花税票

大家知道，印花税的缴纳一般都是由纳税人通过自行计算、购买印花税票自行贴花的办法来完成的。那么，什么是印花税票呢？

原来，印花税票的式样类似于邮票，是指在票面上直接印有固定金额，专门用于征收印花税税款，并必须粘贴在应纳税凭证上的一种有价证券。印花税票是缴纳印花税的完税凭证，由国家税务总局负责监制，使用方法也与邮票类似：购买税票，粘贴在经济凭证上，盖戳注销。

印花税票的票面金额共有壹角、贰角、伍角、壹元、贰元、伍元、拾元、伍拾元、壹佰元9种。因为印花税票的式样和作用都与邮票非常相似，所以，现今收集、研究税票已成为相当一部分人的兴趣和爱好。国际集邮联合会甚至将印花税票作为一类正式展品，与邮票一起列入集邮展览中。

任务四 认知城市维护建设税与教育费附加

附加税，是“正税”的对称，指随正税按照一定比例征收的税。附加税以正税的存在、征收为前提与依据，其纳税人与正税相同，但税率另有规定。附加税曾被广泛使用，如美国对超过一定数额的收入常采用附加税的形式进行累进课征；“中华民国”后期各级地方政府在各种正税上层层加征，附加税名目繁多，其数额常常超过正税的几倍甚至几十倍，成为劳动人民在正税之外的又一沉重负担，可谓“苛捐猛于虎”。中华人民共和国成立之后，我国对附加税费进行了严格的清理和整顿，其数量大为减少。到目前为止，我国的附加税费主要有城市维护建设税、教育费附加、地方教育费附加和文化事业建设费等。

一、城市维护建设税

1.城市维护建设税概述

（1）城市维护建设税的含义。城市维护建设税，一般简称“城建税”，是我国为了加强城市的维护建设，扩大和稳定城市维护建设资金的来源，对缴纳增值税和消费税（简称“两税”）的单位和个人，以其实际缴纳的“两税”税额为计税依据而征收的一种附加税。

现行城建税的基本规范是1985年2月国务院颁布实施的《中华人民共和国城市维护建设税暂行条例》（简称《城建税暂行条例》）。

（2）城建税的特点。城建税具有以下几个特点：

①具有附加税性质。城建税以纳税人实际缴纳的“两税”税额为计税依据，附加于“两税”之上，本身并没有特定的、独立的征税对象。

②税款专款专用。城建税属于一种特定目的的税，其税款规定专款专用，用来保证城市的公用事业和公共设施的维护建设。

③根据城镇建设规模实行地区差别比例税率。一般来说，城镇规模越大，所需要的建设与维护资金就越多。因此，城建税是根据纳税人所在城镇的规模及资金的需要来设计地区差别比例税率的。纳税人所在地为城市市区的，税率为7%；所在地为县城、建制镇的，税率为5%；所在地不在市区、县城和建制镇的，税率为1%。

2.城市维护建设税的纳税人与征税范围

（1）城建税的纳税人。城建税以负有缴纳“两税”义务的单位和个人为纳税人。任何单位或个人，只要缴纳“两税”中的一种或两种，就必须同时缴纳城市维护建设税。自2010年12月1日起，我国对缴纳“两税”的外资企业和外籍个人，开始征收城建税。

（2）城建税的征税范围。城建税附加在“两税”上，因此没有特定的征税对象。它的征税范围很广，不但包括城市市区和县城、镇，还包括城市、县城和镇以外的地区。其中，城市、县城和镇的范围应根据行政区域作为划分标准，不得随意扩大或缩小各行政区域的管辖范围。可以说，只要缴纳“两税”的，通常都要缴纳城建税。

3.城市维护建设税的计税依据与税率

（1）城建税的计税依据。城建税以纳税人实际缴纳的“两税”税额为计税依据。对纳税人违反“两税”有关规定而加收的滞纳金和罚款，是税务机关对纳税人违法行为的经济制裁，不作为城建税的计税依据，但纳税人在被查补“两税”和被处以罚款时，应同时对其偷漏的城建税进行补税和罚款。对于减免“两税”的，同时也要减免城建税，但对出口产品退还增值税、消费税的，不退还已缴纳的城建税。

（2）城建税的适用税率。城建税按照纳税人所在地的不同，设置了三档地区差别比例税率，即：纳税人所在地为城市市区的，税率为7%；所在地为县城、建制镇的，税率为5%；所在地不在市区、县城和建制镇的，税率为1%。

4.城市维护建设税应纳税额的计算

城建税以纳税人实际缴纳的“两税”税额为计税依据，因此，城建税的应纳税额是由纳税人实际缴纳的“两税”税额决定的。其计算公式为：

应纳税额=纳税人实际缴纳的增值税、消费税税额×适用税率

【例6-15】某县城一生产企业2019年11月份实际缴纳增值税50万元，缴纳消费税30万元。计算该企业应纳的城建税税额。

答：应纳城建税税额=（50+30）×5%=4（万元）

【例6-16】2019年6月份，某市一企业应纳增值税100万元，实际缴纳80万元；应纳消费税75万元，实际缴纳60万元。计算该企业应纳的城建税税额。

分析：城建税以实际缴纳的“两税”税额为计税依据。

应纳城建税税额=（80+60）×7%=9.8（万元）

5.城市维护建设税的纳税申报

（1）城建税的纳税环节和纳税期限。由于城建税是纳税人在缴纳“两税”的同时缴纳的，所以城建税的纳税环节和纳税期限可以比照增值税和消费税的有关规定办理，这里不再赘述。

（2）城建税的纳税地点。一般情况下，城建税的纳税地点即为增值税和消费税的纳税地点。但属于下列情形的，纳税地点为：

①对代扣代缴“两税”的单位和个人，其纳税地点为代扣代缴地，按代扣代缴地税率计算缴纳城建税。

②对跨省开采的油田，下属生产单位与核算单位不在一个省内的，其生产的原油，在油井所在地缴纳城建税。

③对管道局输油部分的收入，由取得收入的各管道局，在其所在地缴纳城建税。

④县以上各级银行直接经营业务取得的收入，由各级银行分别在其所在地缴纳城建税；县和设区的市，由县支行或区办事处在其所在地缴纳城建税。

⑤对流动经营等无固定纳税地点的单位和个人，应随同“两税”在经营地缴纳城建税。

二、教育费附加

1.教育费附加概述

教育费附加是对缴纳增值税和消费税（简称“两税”）的单位和个人，就其实际缴纳的“两税”税额为计征依据征收的一种附加费，是国家为扶持教育事业发展，计征用于教育的政府性基金。从严格意义上说，教育费附加属于一种费，但它也具备了税的特征，由税务机关负责征收，纳入预算管理，作为教育专项资金，根据“先收后支、列收列支、收支平衡”的原则使用和管理。

现行教育费附加的基本规范是1986年4月国务院颁布的《征收教育费附加的暂行规定》。它的征收目的是加快发展地方教育事业，扩大地方教育经费的资金来源，制止地方教育部门以各种名目向学生家长和单位集资或者变相集资，否则不让学生入学的情况蔓延。

2.教育费附加的基本征收制度

（1）教育费附加的征收范围。教育费附加对缴纳增值税和消费税的单位和个人征收。自2010年12月1日起，我国开始对缴纳“两税”的外资企业和外籍个人征收教育费附加。

（2）教育费附加的计征依据及征收比率。教育费附加的计征依据为纳税人实际缴纳的增值税与消费税的税额之和。现行征收比率为3%。

（3）教育费附加的减免规定。教育费附加的减免，原则上比照“两税”的减免规定。如果税法规定“两税”减免，则教育费附加也相应地予以减免。需要注意的是：

①海关进口的产品征收的增值税、消费税，不征收教育费附加。

②由于减免增值税和消费税而发生退税的，可以同时退还已征收的教育费附加，但出口产品退还增值税、消费税的，不退还已征的教育费附加。

③“两税”实行先征后返、先征后退、即征即退办法的，除另有规定外，随“两税”附征的教育费附加一律不予退还或返还。

④自2019年1月1日至2021年12月31日，由省、自治区、直辖市人民政府根据本地区实际情况，以及宏观调控需要确定，对增值税小规模纳税人可以在50%的税额幅度内减征城市维护建设税、教育费附加和地方教育附加。

3.教育费附加的计算与缴纳

（1）教育费附加的计算。教育费附加的基本计算公式与城建税的计算公式类似，即：

应纳教育费附加=实际缴纳增值税、消费税税额×3%

【例6-17】2019年3月份，某企业实际缴纳增值税80万元，实际缴纳消费税60万元。计算该企业应纳的教育费附加。

答：应纳税额=（80+60）×3%=4.2（万元）

（2）教育费附加的缴纳。教育费附加具有税的性质，由税务机关负责征收，与“两税”同时缴纳和退补。

想一想

1.房产税的定义是什么？它的纳税人、征税对象和征税范围又是什么？

2.如何确定房产税的计税依据？它的应纳税额应如何计算？

3.契税的定义是什么？它的纳税人、征税对象和征税范围又是什么？

4.如何确定契税的计税依据？它的应纳税额应如何计算？

5.如何确定印花税的征收范围与纳税人？

6.如何确定城建税的征收范围、计税依据及税率？

7.在“两税”享受减免税优惠或出口退税优惠时，城建税如何处理？

8.教育费附加的定义是什么？教育费附加是一种费，从税收三大特征方面来思考一下，为什么说它具有税的特征呢？

项目小结

◆房产税是以房屋这种不动产为征税对象，依据房产余值或租金收入向房产产权所有人或经营人征收的一种财产税。它的征税范围是在城市、县城、建制镇和工矿区的房屋。房产税采用比例税率形式，分别按从价计征和从租计征设置了两种税率，其计税依据分别对应着房产余值和租金收入。房产税在房产所在地征收，并实行按年计算、分期缴纳的计征办法。

◆契税是以在中国境内出让、转让、买卖、赠与、交换发生权属转移的土地、房屋为征税对象而征收的一种财产税。契税以转移土地、房屋权属的承受人为纳税人，是唯一从需求方进行调节的税种。契税属于地方税种，按不动产价格的3%~5%的比例税率从价计征，具体征收税率由各地自行确定，具有课税范围广泛、取得收入及时、税基稳定、征收简便等特点。

◆印花税是对经济活动和经济交往中书立、使用、领受具有法律效力的应税凭证的单位和个人征收的一种税。印花税兼有凭证税和行为税的性质，具有征收简便、税负极低、纳税人自行完成纳税义务等鲜明特点。印花税的具体征收范围可分为5大类、13个税目，分别采用从价计征和从量计征的办法进行征收。根据税额的大小、贴花次数以及征收管理的需要，可分别采用自行贴花、汇贴汇缴和委托代征三种纳税办法。

◆城建税是对缴纳增值税和消费税（简称“两税”）的单位和个人，按其“两税”实际缴纳税额为计税依据而征收的一种税。城建税属于一种附加税。城建税的征税范围为城市市区、县城及建制镇、其他地区，税率相应地设置为三档（7%、5%和1%）地区差别比例税率。

◆教育费附加是对缴纳“两税”的单位和个人，就其实际缴纳的“两税”税额为计征依据征收的一种附加费，是国家为扶持教育事业发展，计征用于教育的政府性基金。教育费附加是一种费，但具备税的性质，由税务机关征收，现行征收比率为3%。

项目测试

一、判断题

1.房产税、契税和印花税都属于财产税。（ ）

2.产权所有人、承典人不在房产所在地的，或者产权未确定及租典纠纷未解决的，由承典人缴纳。（ ）

3.独立于房屋之外的建筑物如围墙、加油站罩棚等不属于房产税的征税对象，不征收房产税。（ ）

4. 根据规定，国家机关、军队、学校、托儿所、幼儿园等的房产全部免征房产税。（　　）

5. 纳税人将原有房产用于生产经营，从房产落成之日起，计征房产税。（　　）

6. 纳税人购买了印花税票，就完成了纳税义务。（　　）

7. 个人所有的房产，除出租之外，一律免征房产税。（　　）

8. 货物运输合同的印花税计税依据为取得的运费金额，包括装卸费和保险费。（　　）

9. 房屋交换，如果价格对等，则双方都不用缴纳契税。（　　）

10. 契税实行属地征收管理，即纳税人发生契税纳税义务时，应向纳税人所在地的税务机关申报纳税。（　　）

11. 自2016年2月22日起，对个人购买90平方米以下普通住房的，契税税率暂时下调为1%。（　　）

12. 发生房屋产权买卖时，以产权出售方为契税的纳税人。（　　）

13. 城建税根据城镇建设规模实行地区差别比例税率，其中，城市市区适用的税率为5%。（　　）

14. 城建税是增值税和消费税的附加税，因此它本身没有特定的、独立的征税对象。（　　）

15. 教育费附加的计征依据为纳税人实际缴纳的“两税”税额之和，现行征收比率为3%。（　　）

16. 教育费附加具有税的性质，由税务机关负责征收，目的是扩大地方教育经费的资金来源。（　　）

二、单项选择题

1. 不征房产税的地域是（　　）。

A. 城市　　B. 农村　　C. 县城和建制镇　　D. 工矿区

2. 对于出租的房屋，以（　　）为房产税的计税依据。

A. 房产原值　　B. 房产余值　　C. 房屋租金　　D. 房产原价

3. 某企业有房产一栋，2019年确定的房产原值是3 000万元，全部出租给其他单位，获得年租金100万元，则房产税的应纳税额是（　　）万元。

A. 8.4　　B. 12　　C. 25.2　　D. 36

4. 纳税人经营自用的房屋的计税依据是（　　）。

A. 房产原值　　B. 房产余值　　C. 房屋租金　　D. 房产原价

5. 企业资金账簿（　　）印花税。

A. 应按每件5元来贴花缴纳　　B. 应按所载金额的0.5‰来贴花缴纳

C. 应按所载金额的0.3‰来贴花缴纳　　D. 不需缴纳

6. 下面关于印花税的说法，错误的是（　　）。

A.书立各类经济合同时，以立合同人为纳税人

B.建立营业账簿，以立账簿人为纳税人

C.应税凭证如在中国境外书立，则不需缴纳印花税

D.产权转移书据的立据人为纳税人

7.已贴印花税票的凭证修改后，增加的金额（ ）。

A.应按修改后的金额补贴印花税

B.应补贴印花税票5元

C.应就增加部分补贴印花税票

D.不再补贴印花税票

8.契税是以所有权发生转移的不动产为征税对象，向（ ）征收的一种税。

A.产权所有人 B.产权中介人 C.产权登记人 D.产权承受人

9.A企业与B企业互换房产一套。A企业换出的房产价值为500万元，换进的房产价值为600万元。当地规定的契税税率为3%。关于双方的契税纳税义务，下面说法正确的是（ ）。

A.双方都不用纳税 B.A企业纳税3万元

C.B企业纳税3万元 D.双方各纳税3万元

10.下列各项免征契税的是（ ）。

A.房屋交换 B.国家机关办公用房

C.土地使用权转让 D.房屋买卖

11.下列经济行为，不需要缴纳契税的是（ ）。

A.以土地、房屋权属作价投资、入股 B.以土地、房屋权属抵债

C.以获奖方式取得土地、房屋权属 D.买房后装修房子

12.下列各项中，契税计税依据可由征收机关核定的是（ ）。

A.土地使用权出售 B.国有土地使用权出让

C.土地使用权赠与 D.以划拨方式取得土地使用权

13.单位或个人（ ）时，在缴纳相关税款的时候，还应缴纳城建税和教育费附加。

A.与银行签订借款合同 B.技术转让

C.销售商品 D.取得工资、薪金所得

14.某林区一运输企业2019年7月实际缴纳增值税100 000元，则该月的应纳城建税税额为（ ）元。

A.1 000 B.3 000 C.5 000 D.7 000

15.某运输企业2019年7月实际缴纳增值税100 000元，则该月的应纳教育费附加为（ ）元。

A.1 000 B.1 500 C.3 000 D.30 000

三、多项选择题

1.下列属于房产税免税项目的包括（　　）。

A.国家机关自用的房产　　B.个人所有的住房

C.事业单位的办公楼　　D.寺庙出租的房产

2.下列各项当中，符合房产税纳税义务发生时间规定的有（　　）。

A.纳税人将原有房产用于生产经营，从生产经营之月起，计征房产税

B.纳税人自行新建房屋用于生产经营，从建成之日的次月起，计征房产税

C.纳税人购置新建商品房，自房屋交付使用之日的次月起，计征房产税

D.纳税人出租、出借房产，自交付出租、出借房产之日的次月起，计征房产税

3.下列各项中，属于房产税征税对象的有（　　）。

A.与房屋不可分割的各种附属设备　　B.一般不单独计价的配套设备

C.独立于房屋之外的建筑物　　D.商业用房产

4.根据《房产税暂行条例》的规定，房产税以房屋产权所有人为纳税人。下面表述中不正确的有（　　）。

A.产权属于国家所有的，由国家机关缴纳

B.产权属于集体和个人所有的，由集体单位和个人缴纳

C.产权出典的，由出典人缴纳

D.产权的所有人、承典人不在房产所在地的，或产权未确定及租典纠纷未解决的，由产权所有人或承典人缴纳

5.下列有关契税的说法中正确的有（　　）。

A.契税的纳税人是我国境内土地、房屋权属的承受者

B.契税的征税对象是我国境内产权发生转移的不动产

C.契税纳税人不包括个人

D.契税纳税人不包括外资企业

6.（　　）是以缴纳“两税”的单位和个人为缴纳人来征收的，凡缴纳“两税”的单位和个人都应缴纳。

A.契税　　B.印花税　　C.城建税　　D.教育费附加

7.印花税的税率形式有（　　）。

A.定额税率　　B.比例税率　　C.全额累进税率　　D.超额累进税率

8.下列属于我国财产税的主要有（　　）。

A.房产税　　B.车船税　　C.契税　　D.印花税

9.下列凭证中，属于印花税应税范围的有（　　）。

A.省优秀企业证书　B.营业资金账簿　　C.权利、许可证照　D.技术合同

10.采用0.5‰税率的印花税应税凭证有（　　）。

A.加工承揽合同　　B.购销合同　　C.货物运输合同　　D.产权转移书据

11.下列关于契税的说法，正确的有（　　）。

A征税对象为不动产　　B.采用幅度比例税率

C.税率为3%~5%　　D.计税依据为不动产的价格

12.下列经济行为中，属于契税征税范围的有（　　）。

A.房屋买卖　　B.以房产作股权投资

C.以房产抵债　　D.土地使用权赠与

13.下列税费中，属于附加税费的有（　　）。

A.契税　　B.印花税　　C.城建税　　D.教育费附加

14.下列税种中，属于财产税的税种有（　　）。

A.房产税　　B.契税　　C.城建税　　D.印花税

15.城建税的纳税人包括（　　）。

A.工业企业　　B.商业企业　　C.外商企业　　D.外籍个人

16.关于教育费附加的减免规定，下列说法正确的有（　　）。

A.对海关进口的产品征收的增值税、消费税，不征收教育费附加

B.对由于减免增值税和消费税而发生退税的，可以同时退还已征收的教育费附加

C.对出口产品退还增值税、消费税的，不退还已征收的教育费附加

D.对“两税”实行先征后返、先征后退、即征即退办法的，除另有规定外，对随“两税”附征的教育费附加，一律不予退还或返还

四、计算题

1.某企业2019年度自有房产3栋，一栋用于生产经营活动，房产原值8 000万元，另有电梯设备一部，价值100万元；一栋用于对外出租，年租金收入200万元；第三栋由于年久失修，已于上年度申报停止使用。

已知当地房产原值扣除比例为30%，计算该企业本年度应纳的房产税税额。

2.某企业2019年度相关资料如下：

（1）企业自有楼房一栋，房产原值为6 000万元；

（2）当年年初购入办公楼一栋，价值4 000万元，其中一半作为企业办医院用房；

（3）企业将临街办公楼的一部分出租给某超市，租金收入为每月1.5万元。

已知当地房产原值扣除比例为20%，计算该企业2019年应纳的房产税税额。

3.长丰商贸有限公司2019年1月开业，领受营业执照、商标注册证、房屋产权证、土地使用证、拥军爱民单位证书各一份。开业之后，签订了以下合同：

（1）营业资金账簿中“实收资本”为400万元，“资本公积”为100万元，其他非资金营业账簿15本；

（2）与银行签订一份借款合同，所载金额为800万元；

（3）与保险公司签订一份财产保险合同，支付保险费6万元；

(4) 与某船运公司签订货物运输合同，合同所载运输费金额为50万元，其中包含5万元装卸费；

(5) 与某仓库签订一年的货物保管合同，年保管费为5万元。

计算该企业印花税应纳税额为多少。

4.某企业2019年5月份，发生下列经济业务和行为：

(1) 因办公楼失窃，特申请补办营业执照、土地使用证、房屋所有权证和优秀纳税企业证书各一份；

(2) 签订购买土地使用权合同，合同金额300万元；

(3) 投综合财产保险一份，支付保险费10万元；

(4) 新设其他营业账簿10份，资金账簿一份，注明“实收资本”为500万元；

(5) 订立借款合同1份，借款金额为200万元。

计算以上各项经济行为应纳的印花税及其总和。

5. 2019年3月，李某首次购买了一套80平方米的两居室，价值80万元；5月份又从父母手中继承了一套住房，市场价值100万元，为了方便小孩就近念书，又将此房产与黄某交换了一套学区房，由李某补交差价40万元。

已知当地规定契税税率为3%，计算李某共应缴纳多少契税？

6. 2019年4月，某国有甲企业以房产投资入股一家外商投资企业，该房产市场价值为500万元；甲企业还以自有房产与乙企业交换一处房产，支付差价款300万元；当地政府有关部门批准向该企业出让土地一块，缴纳土地出让金750万元。

已知当地规定契税税率为3%，计算甲企业应纳的契税税额。

7. 2019年8月，甲某发生以下经济业务：

(1) 居民甲某继承孤寡的姑姑的房产一套，市场价值80万元；

(2) 甲某将一套市场价值110万元左右的房产折价给乙某，抵偿了100万元的债务；

(3) 甲某用市场价值260万元的第二套城郊小别墅与丙某交换一套市区大居室，另换得丙某赠送的价值30万元的轿车一辆。

已知当地确定的契税税率为3%，请问甲、乙、丙应分别缴纳多少契税？

8. 2019年5月，某县城一家企业应纳增值税100万元，实际缴纳90万元；应纳消费税80万元，实际缴纳80万元；应纳关税25万元，实际缴纳25万元。

计算该企业应纳的城建税税额及教育费附加。

9.北京市青年旅行社某月取得旅游收入560万元，为旅客支付的餐费、交通费、住宿费和门票费用等共170万元，支付给其他接团旅行社180万元；将部分楼层出租给其他公司做活动场地，收入租金20万元。

计算该旅行社当月应缴纳的城建税和教育费附加。

课后拓展

关注新媒体平台，获取税收领域最新的观点、方法、技巧，了解税费计算与缴纳的前沿资讯。

微信公众号“中华会计网校注册税务师”是中华会计网校运营的税务师考试及辅导平台。该平台提供免费题库、涉税服务实务、考点精讲、疑难问题解答、技巧点拨、历年考题剖析等服务内容。在微信公众账号中搜索“Zhushuichinaacc”或用手机扫描二维码即可关注。

主要参考文献

［1］财政部会计资格评价中心．经济法基础［M］．北京：经济科学出版社，2019.

［2］李瑶，郝宝爱，张进．纳税实务［M］．4版．大连：东北财经大学出版社，2019.

［3］张敏，纳税实务［M］．大连：东北财经大学出版社，2019.

［4］梁红霞，刘雅娟，贾艳菊．纳税模拟实务［M］．北京：清华大学出版社，2017.

［5］梁文涛，苏杉．纳税筹划实务［M］．2版．大连：东北财经大学出版社，2017.

［6］陈计专，国燕萍．税费核算与申报［M］．大连：东北财经大学出版社，2016.

［7］李志，于涵．税费计算与申报［M］．2版．北京：中国财政经济出版社，2016.

［8］高素芬，范雅玲．纳税实务［M］．4版．大连：东北财经大学出版社，2019.

［9］梁伟样．税费计算与申报［M］．3版．北京：高等教育出版社，2016.

［10］梁俊娇．纳税会计［M］．8版．北京：中国人民大学出版社，2016.

［11］王曙光．税法［M］．8版．大连：东北财经大学出版社，2018.

［12］庄粉荣．纳税筹划实战精选百例［M］．6版．北京：机械工业出版社，2016.

［13］赵桂娟．营业税改征增值税操作实务［M］．北京：新华出版社，2016.

［14］张鹏飞．税法与纳税筹划［M］．北京：北京大学出版社，2016.

［15］蒙丽珍，安仲文．国家税收［M］．8版．大连：东北财经大学出版社，2020.

［16］赖金生．中国税制［M］．7版．北京：中国财政经济出版社，2013.

［17］中华会计网校．营业税改征增值税政策解读及实务案例分析［M］．北京：经济科学出版社，2013.

［18］奚卫华．新企业所得税实施操作指南［M］．2版．北京：机械工业出版社，2008.